Schafiyha · Fotopädagogik und Fototherapie

Liliane Schafiyha

Fotopädagogik und Fototherapie

Theorie, Methoden, Praxisbeispiele

Mit einem Vorwort von Albert Dost

Beltz Verlag · Weinheim und Basel

Liliane Schafiyha, Diplom-Sozialpädagogin, Jahrgang 1958. Sie ist Gruppenleiterin einer Kindergruppe in einem Kinder- und Jugendheim.

Lektorat: Richard Grübling

© 1997 Beltz Verlag · Weinheim und Basel
Herstellung: Erich Rathgeber, Weinheim
Satz (DTP): Satz- und Reprotechnik GmbH, Hemsbach
Druck: Druckhaus »Thomas Müntzer«, Bad Langensalza (Thüringen)
Umschlaggestaltung: Federico Luci, Köln
Umschlagfoto und Innenfotos (wenn nicht anders angegeben):
Liliane Schafiyha, Bonn
Printed in Germany

ISBN 3-407-55791-4

Inhaltsverzeichnis

Vorwort

*Einige Gedanken zur Bedeutung
der Zeit in der Fotografie*

Neben der professionellen Auftragsfotografie, z. B. der Porträt- oder der Pressefotografie, und der Künstlerfotografie, d. h. der Fotografie als Medium einer künstlerischen Idee wie etwa in der russischen Revolutionsfotografie bei Rodschenko, fristet die Amateurfotografie ein weitgehend belächeltes Dasein. Einerseits von der Fotoindustrie als ökonomisch wichtige Zielgruppe umworben, von den professionellen Fotografen jedoch wegen der ästhetischen Anspruchslosigkeit ihrer Produkte als »Knipser«, »Freizeitfotografen«, kurz als Laien wenig ernst genommen, setzen sich die Amateurfotografen, gerade weil sie keine Berufsfotografen sind, in der Regel mit bedeutsamen Aspekten ihres Lebens auseinander. Die Ferien auf Mallorca, die Hochzeit der Tochter oder das Familientreffen zum 80. Geburtstag der Großmutter stellen wichtige Anlässe dar, in denen sich für einzelne oder Gruppen individuelles oder kollektives Gedächtnis bildet: »Solche Ringelstrümpfe habe auch ich damals getragen«, sagte z. B. ein alter Mann in einem Altersheim beim Betrachten von Fotografien aus der Zeit seiner Kindheit.

Diese Fotografien, die nicht aus gestalterisch-ästhetischen Gründen entstanden sind, sondern ausschließlich wegen ihrer inhaltlichen Anlässe, erfüllen eine wichtige Funktion. Pierre Bourdieu charakterisiert dies an einem Beispiel folgendermaßen: »Zwischen den Merkmalen ›Familie mit Kindern‹ und dem Besitz eines Fotoapparates besteht eine Korrelation. Fotografische Praxis bezieht ihren Impuls aus ihrer Funktion für die Familie, nämlich die großen Augenblicke des Familiendaseins zu feiern und zu überliefern, kurz, die Integration der Familiengruppe zu verstärken, indem sie immer wieder das Gefühl neu bestätigt, das die Gruppe von sich und ihrer Einheit hat« (1981, S. 31).

Es lohnt sich also offensichtlich, der Fotografie als sozialem Phänomen bei Amateurfotografen nachzugehen:

In der Fotografie, sieht man sie im obengenannten Kontext, wird Zeit als erlebte und gelebte Lebenszeit erfahrbar und rekonstruierbar, paradoxerweise gerade weil sie im fotografischen Bild fehlt. Das Fließende, Unbeständige als Wesen der Zeit, das kein »Jetzt« als Dauer kennt, kann zwar am Inhalt der Fotografie rekonstruiert werden, in der Fotografie als Fläche aber ist die Zeit erstarrt und zum Raum geworden.

Als Raumobjekt stellt nun die Fotografie einen wichtigen Impuls für das Gedächtnis des Betrachters dar. Die Abstraktion vom Zeitfluß bildet den Impuls, den Inhalt der vergangenen Zeit (»Damals auf Mallorca«) zu erinnern und damit einen geistigen Prozeß der Auseinandersetzung mit der verflossenen Zeit auszulösen.

Das bedeutet: Gerade weil die Zeit nicht integraler Bestandteil der Fotografie ist, muß sie als vergangene erinnert werden. Die Fotografie dient also, ganz im Proustschen Sinne, einer »Suche nach der verlorenen Zeit« und damit als Katalysator für den Prozeß der Erinnerung. Ihre Oberfläche bildet den Einstieg in den Zeitfluß der vergangenen Lebenszeit, die im Gedächtnis latent wartet.

Dieses Pendeln zwischen dem aktuellen Dasein des Betrachters und seiner Vergangenheit dient der Selbstvergewisserung. Der Prozeß der Erinnerung »stiftet« die Erfahrung der Identität des Betrachters im Zeitfluß. Im Vergleich zwischen dem »Damals« und dem »Heute« vergewissert sich der Betrachter seiner Identität: »So war es damals, und so ist es heute.«

Die erinnernde Neugierde auf das »Damals« bezieht sich

also auf das aktuelle Dasein. Dieses Interesse ist nicht sachlich-distanziert, sondern existentiell-befangen.

In diesem Zusammenhang ist die Auseinandersetzung mit Fotografien ein in sich pädagogischer Prozeß: Sie konfrontiert den Betrachter mit sich selbst als »Gewesenem« und »Aktuellem« und ermöglicht so Einsichten in die eigene Existenz.

Von Wim Wenders gibt es ein Buch mit einer Sammlung von Fotografien und Texten mit dem Titel »Einmal« (1994). Thema ist nichts anderes als die Vergewisserung der Identität des Fotografen, an welcher der Betrachter in einem Akt vergleichender Einfühlung teilnehmen kann. Leitmotiv der Bilder und der verdeutlichenden Texte ist »Einmal, als ich in New York wohnte«, »Einmal traf ich diese Frau auf dem Hollywood-Boulevard« etc.

Die Gegenwart findet sich hier im »Gewesenen« wieder, während die Vergangenheit gleichzeitig die Gegenwart verständlicher macht. Das Medium dieser Suchbewegung ist die Fotografie: *Fotografie als anschauliche Pädagogik.*

Was zunächst einmal nur für Fotografien zu gelten scheint, welche den biographischen Aspekt als Ursache ihres Entstehens enthalten, ist konstituierend für alle Fotografien der folgenden fotopädagogischen Texte: Die Gegenwart des Menschen spiegelt den biographischen Prozeß, der an diesem Menschen »gearbeitet« hat. Dieser Mensch, den der Betrachter anblickt, löst die Frage aus, welchem »Schicksal« er denn seinen ihm eigentümlichen Anblick verdankt. Durch die fotografierte Person »hindurch« erscheint die Frage nach dem »Gewesen«. Dies ist im therapeutischen Kontext die zentrale Frage.

Daß man sich in der Fotografie etwa des eigenen Gesichts als Fremder oder nur zum Teil Bekannter entgegentreten kann, hat seine Ursache in der biographischen Dimension jedes menschlichen Gesichts, in dem die Zeit sozusagen verdinglicht erscheint. Dies gilt im übrigen auch für Fotografien, die zum Gegenstand nicht eine Person, sondern Dinge haben, da sie im Kontext individueller oder kollektiver Lebenssituationen durch ein in seinen Gründen oft nicht durchschautes

Interesse verursacht sind: Die Fotografie einer Bergwiese im Sommer ist dann Bestandteil eines vergangenen individuellen Erlebens, die Postkarte der Rheinfront von Köln um 1900 als Teil des »Gesichts« der Stadt Bestandteil kollektiver, sich jeweils beim Betrachten individualisierender Erfahrungen, in denen das »Damals« mit dem »Heute« verglichen wird.

Genaugenommen konstituiert also die *Zeit* in der biographischen Fotografie den dialogischen Prozeß zwischen dem Betrachter und dem Bild oder, genauer, des Betrachters mit sich selbst. Die vergangene Zeit wird betrachtet als das »Woher«, das auch immer »Anfang« heißt, und die zukünftige, noch nicht abgeschlossene Zeit als das »Wohin«, welches das Mögliche, unter Umständen Notwendige der biographischen Entwicklung bedeutet.

Genau dies ist das Thema der auf den folgenden Seiten dargestellten Konzepte der Fotopädagogik: die geistige Suchbewegung der Hersteller und Betrachter von Fotografien auf sich selbst hin. *Zwiesprache mit sich selbst* möglich zu machen ist hier das Ziel und nicht der Versuch von Laien zu fotografieren etwa »wie ein professioneller Porträtfotograf«.

Die pädagogische Praxis ist auf Konzepte dieser Art angewiesen.

Albert Dost

Einleitung

Seit der Erfindung der Fotografie vor mehr als 150 Jahren hat die Medienkultur eine Entwicklung genommen, die in ihrer rasanten und breiten Ausprägung die heutige Lebenswelt maßgebend bestimmt. Ersetzte die Fotografie zuerst die Funktion der Malerei als Informationsträger für einen kleinen Kreis der Bevölkerung, so ist die Fotografie neben Fernsehen und Video heute zum Massenmedium avanciert.

Dabei sind fotografische Bilder nicht nur Informationsträger, die die Welt realistisch abbilden. Sie schaffen gleichzeitig neue Konstruktionen, die durch den Wirklichkeitsmythos der Fotografie als reale Welt erscheinen, der man sich anpaßt.

Bilderflut, Medienkonsum, Geschwindigkeit der Bilder: Schlagworte der heutigen Lebenswelt. Soll in diesen Zeiten Pädagogik oder Therapie mit fotografischen Bildern betrieben werden, kann man diese Hintergründe nicht außer acht lassen, will man nicht in antiquierten Fotokursschemata stekkenbleiben. Sinnvolle Konzepte einer pädagogischen Arbeit mit Fotografie lassen sich erst erstellen, wenn die besonderen Lebensformen der Zielgruppe und ihre Art des Umgangs mit Medien berücksichtigt werden. Die Verwendung fotografischer Mittel ist nicht zuletzt deswegen möglich, weil sie mittlerweile finanziell erschwinglich ist und zumindest bruchstückhafte Grundkenntnisse der entsprechenden Techniken allgemein bekannt sind.

Die heutige »Multimediageneration« lebt mit einer Vielfalt von Medien, die oft parallel genutzt werden. Die Grenzen zwischen den Medien verschwimmen. Realität und Fiktion, Gegenwart und Vergangenheit, Privatheit und Öffentlichkeit gehen ineinander über. Die Vielfalt der angebotenen Lebenswelten irritiert zu einer Zeit, die gerade durch Orientierungsverluste aufgrund schwindender traditioneller Sicherheiten geprägt ist. Wer sich in der Welt der Bilder noch zurechtfinden will, muß selektieren können. Reizüberflutung ist das Thema heutiger Lebensverhältnisse unserer Gesellschaft.

Die Anstrengung, dieser Bilderflut zu begegnen, erzeugt Apathie, passives Konsumieren. Der Wettlauf mit der Zeit, all die neuen Bilder aufnehmen zu können, beansprucht uns so sehr, daß weder Zeit noch Raum bleiben, eigene Bilderwelten als Alternativ- und Gegenwelten zu schaffen. Gerade für Kinder und Jugendliche ist es deshalb heute besonders wichtig, den bewußteren Umgang mit diesen Medien zu erlernen.

Die pädagogische Arbeit mit fotografischen Bildern kann hier vieles leisten: Die aktive schöpferische Bildgestaltung unterstützt durch ihre Ausdrucksmöglichkeiten die Entfaltung und Selbstverwirklichung der Persönlichkeit. In diesem Zusammenhang kann sie darüber hinaus zu einer differenzierteren Wahrnehmung der Umwelt hinführen und so ein kritisches Beurteilungsvermögen anregen.

Der Schwerpunkt der hier dargestellten Methode soll deshalb auf die Betrachtung der eigenen Person sowie ihren individuellen Bezug zur Umwelt gelegt werden. Gleichzeitig können diese Erfahrungen zu einer kritischen Sichtweise der uns umgebenden Bilder verhelfen.

Die meisten Porträtfotos, die wir von uns besitzen, sind von Freunden aufgenommen, spontan während einer Feier oder einer Urlaubsreise. So prägt sich uns die Sichtweise anderer Menschen, die uns »ins Bild setzen«, ein und beeinflußt unsere Selbsteinschätzung. Um unsere eigenen Vorstellungen, Träume und Ängste fotografisch zu inszenieren, fehlen uns meist die Möglichkeiten, aber auch der Mut. Dies scheint Künstlern vorbehalten zu sein, denen »narzißtisches Verhalten« zugebilligt wird und die so den Freiraum haben, sich im Rahmen des künstlerischen Ausdrucks mit ihren gesellschaftlichen und privaten Rollenbildern und Persönlichkeitsanteilen auseinanderzusetzen. Es ist ein Mittel der Fotopädagogik, diesen Freiraum auch für andere zu schaffen.

Ich möchte in diesem Buch darstellen, wie das Medium Fotografie in der pädagogischen und therapeutischen Praxis angewendet werden kann. Dabei sei darauf hingewiesen, daß nicht die technische Perfektion der Fotografie, sondern der pädagogische Umgang mit diesem Medium und den Bildinhalten im Vordergrund steht. Deshalb werde ich auf technische Aspekte nur insoweit eingehen, als es in diesem Zusammenhang unbedingt erforderlich ist.

Im ersten Teil geht es um die Wahrnehmung des fotografischen Bildes sowie die individuellen Empfindungen und Reaktionen während des fotografischen Prozesses als auch bei der Betrachtung einer Fotografie, insbesondere des Selbstbildnisses: Was für einen Stellenwert besitzen Selbstporträts im Umgang mit Bildern? Wie wird eine Fotografie wahrgenommen, und welchen Einfluß kann sie auf den Betrachter ausüben? Wie reagieren Menschen, wenn sie fotografiert werden, und welche Gefühle stehen hinter diesen Reaktionen? Wie kann pädagogisch auf diese Verhaltensweisen eingewirkt werden, so daß ein persönlicher Entwicklungsprozeß unterstützt wird?

Da die Konfrontation mit dem Selbstbild die zentrale Methode des hier dargestellten fotopädagogischen Ansatzes ist, wird in den Ausführungen dieser Aspekt herausgestellt. Dennoch sind viele der typischen Reaktionen auch auf die übrigen Bereiche zu übertragen. Die Spannungskurve in Verbindung mit dem Bestreben, daß eine Landschaftsaufnahme den individuellen Vorstellungen entspricht, ist in etwa die gleiche wie bei einer Porträtaufnahme, nur daß dort das fotografierte Objekt keinen aktiven Einfluß auf das Objekt nehmen kann. Die individuellen Reaktionen während des entwicklungstechnischen Ablaufes sind ebenfalls in allen anderen Bereichen anzutreffen, sind jedoch im Zusammenhang mit Selbstporträts stärker emotional geprägt.

Im zweiten Teil werden mögliche pädagogische Zielsetzungen im Zusammenhang mit fotografischen Techniken aufgeführt. Darüber hinaus werden die wichtigsten fotopädagogischen Methoden erläutert und praktische Hinweise gegeben, die die fotopädagogische Arbeit erleichtern können.

Die eigene praktische Erfahrung ermöglicht es mir, im dritten Teil Beispiele verschiedener Einsatzmöglichkeien der Fotopädagogik zu beschreiben: Fotopädagogik mit Kindern, Jugendlichen und Seniorinnen. Die diesen Darstellungen zugrundeliegenden Fotokurse wurden in vielen verschiedenen freien Gruppen veranstaltet, ausgenommen die Kurse mit Seniorinnen, die in einem Altenwohnheim stattfanden.

Die Falldarstellungen beziehen sich auf Personen, die in Kinder-, Jugend- sowie Seniorenheimen lebten. Zur Wahrnehmung des persönlichen Datenschutzes sind diesen Beschreibungen keine Fotos beigefügt. Weiter sind die Darstellungen so geändert, daß Ähnlichkeiten mit tatsächlichen Fällen nicht beabsichtigt, sondern rein zufällig sind.

Es folgt eine Beschreibung fototherapeutischer Methoden, vorwiegend auf der Grundlage der Erkenntnisse von Judy Weiser und Jerry L. Fryrear (Weiser 1993; Fryrear/Corbit 1992; Fryrear/Krauss 1983), die in Amerika zu den führenden Therapeuten in diesem Bereich zählen.

Da ich von nur bruchstückhaften fotografischen Vorkenntnissen der LeserInnen ausgehe, werde ich darüber hinaus im letzten Kapitel Hinweise zur Einrichtung eines Fotolabors sowie zur Entwicklungstechnik geben, soweit sie für die fotopädagogische Praxis notwendig sind.

Die eigene Praxiserfahrung hat mir gezeigt, daß sowohl Kinder und Jugendliche als auch Erwachsene und SeniorInnen für das Medium der Fotografie zu begeistern sind. Selbst die, die sonst nur schwer zu kreativen Aktivitäten anzuregen sind, zeigten ein Engagement, das mich oft selbst überraschte. Die eigene Begeisterung der praktischen fotopädagogischen Arbeit hat mich dazu bewogen, dieses Buch zu schreiben. Es wäre schön, wenn ich mit diesem Buch den LeserInnen die Möglichkeit geben könnte, die gleiche Freude in der fotopädagogischen Arbeit zu erleben und zur Erweiterung der pädagogischen Handlungsmöglichkeiten beizutragen.

1. Fotografie, Wahrnehmung und Wirklichkeit

1.1 Was ist ein Foto?

Auf den ersten Blick erscheint ein Foto als ein *Stück Papier*, das auf einer Seite eine lichtempfindliche Beschichtung trägt. Diese Schicht zeigt nach entsprechender Lichtprojektion hellere und dunklere Schattierungen. Je mehr Licht auf diese Schicht fällt, desto dunkler wird das Papier an dieser Stelle.

Eine Fotografie ist außerdem ein *Objekt*, das man anfassen und in den Händen halten kann, das jederzeit verfügbar ist und überall, beliebig lange und zu jedem Zeitpunkt betrachtet werden kann. Dies kann aus einer Vielzahl von Standpunkten aus erfolgen, ohne daß das Bild verzerrt erscheint.

Möglichkeiten der *Manipulation* sind beim Fotografieren durch Aufnahmerichtung, Lichtverhältnisse, Schärfentiefe, Standpunktverlagerung, Wahl des Ausschnitts oder durch anschließendes Collagieren, Abstrahieren und Bildgeneration (vgl. Jäger/Holzhäuser 1975) gegeben. (Generative Fotografie wird das fotografische Verfahren genannt, bei dem der gegebenen »Objektinformation« neue »objektfremde« Informationen hinzugefügt werden, so daß damit eine gänzlich neue Aussage entsteht.)

Durch den begrenzten *Ausschnitt* sind auf dem Foto viele Dinge, die das fotografierte Objekt umgeben, nicht sichtbar. Die nicht sichtbaren Dinge sind wiederum Gegenstand eines anderen Bildes.

Weiterhin wird im Foto der Faktor *Zeit* anders wahrgenommen. Die Zeit scheint im Augenblick der Aufnahme stehenzubleiben. Während geschichtliche Zeitpunkte u. U. grob zu erkennen sind, z. B. an Kleidung und Haartracht der Menschen oder an Gebäudeansichten, versinken Landschaften in einer zeitlosen Totenstarre. Die Faszination vieler Landschaftsaufnahmen liegt so in der beruhigenden Ausstrahlung, die durch den Eindruck der unendlichen Zeit hervorgerufen wird.

Bei Schwarzweißfotografien findet eine Reduktion auf wenige Graustufen statt. Es entfällt der Faktor *Farbe*.

Dem Foto fehlt weiter die dritte *Dimension*. Bereits im Kindesalter lernen wir, die Zweidimensionalität des Bildes als dreidimensionalen *Raum* zu entziffern.

Ferner entspricht die *Größe* des Abgebildeten nur in Ausnahmefällen der Realität, in der Regel sind die abgebildeten Objekte stark verkleinert.

Das Foto hat durch moderne Reproduktionsmöglichkeiten für den einzelnen Menschen heute nicht mehr die *Bedeutung*, die es Mitte letzten Jahrhunderts noch besaß. Die durchdachte Komposition des Bildes und die mühevolle Aufnahmetechnik sind einem kurzen »Klick« gewichen, die fotografierte Person nimmt den Moment kaum noch bewußt wahr, und das Betrachten des Fotos wird zu einem kurzfristigen Kick, der nur noch in der massenweisen Produktion Bedeutung gewinnt.

Dem Foto fehlt weiter der *Geruch*. Den typischen Blütenduft einer Frühlingslandschaft oder die spezifischen Düfte einer abgebildeten Mahlzeit können wir im Anblick eines Fotos nur erinnern, nicht aber direkt wahrnehmen.

Geräusche wie der Autolärm einer Großstadt oder das Vogelgezwitscher und Rauschen der Blätter in einem Wald können bei der Betrachtung des Abbildes ebenfalls nur erinnert werden.

Die den abgebildeten Gegenständen eigene *Oberflächenstruktur* ist ebenfalls auf einem Foto nicht fühlbar. Ein Abbild einer Kakteenlandschaft fühlt sich so glatt an wie jede andere Aufnahme.

1.2 Die individuelle Wahrnehmung

Wie aus dem letzten Abschnitt bereits deutlich wurde, wird ein Foto hauptsächlich durch die *optische Wahrnehmung* erfaßt. Die anderen Sinne treten dahinter zurück. Den eigenen Augen traut man im »visuellen Zeitalter« am meisten. Das, was man selbst sieht, glaubt man im allgemeinen eher als das, was man hört, riecht oder schmeckt. Auch das gesprochene Wort kommt dagegen nicht an. »Bilder scheinen als Fakten wirklich zu sein, Sätze nur als Behauptungen über Fakten« (Meyer 1992, S. 45). So ist es nicht überraschend, daß nach einer Erhebung von Noelle-Neumann 50% der Bevölkerung der ehemaligen Bundesrepublik das Fernsehen als glaubwürdigstes Medium einstufen. Tageszeitungen erfahren lediglich bei 14% der Bevölkerung Glaubwürdigkeit (ebd., S. 45).

Bilder bleiben durch ihren assoziativen Charakter darüber hinaus länger und klarer im Gedächtnis haften als Worte. Dies liegt nicht zuletzt daran, daß Bilder die Emotionalität einfacher und direkter ansprechen.

Die individuellen positiven oder negativen Assoziationen bestimmen den emotionalen Umgang mit einem Bild. Die eigenen Gefühle beeinflussen den Blick, so daß einzelne Gegenstände in den Vordergrund treten, andere aber übersehen werden. Die gesamte Leistung des Dechiffrierens von Bildern ist abhängig von den *intellektuellen und emotionalen Fähigkeiten* des Betrachters. Das gedankliche Einordnen in Zusammenhänge, die »Übersetzung« der visuellen Information auf die sprachliche Ebene, der individuelle subjektive Bezug zu dem Bild und seiner Aussage: Dies alles gehört dazu, ein Bild in der Gesamtheit »lesen« zu können.

Weiter ist die *Intention der Betrachtung* von Bedeutung. Die Luftaufnahme einer Stadt zum Beispiel kann mit dem Ziel angesehen werden, sich zu *orientieren* und sich zu erinnern, in welchen Gegenden man selbst gewesen ist. Oder sie dient dem *erlebenden Sehen*, in dem die beeindruckende Größe der Stadt und die Kunstfertigkeit des Fotografen genossen werden. Darüber hinaus kann das Foto Objekt der *analytischen Be-*

trachtung sein. Dies ist beispielsweise im Zusammenhang mit stadtgeschichtlicher Forschung oder der Städteplanung von Bedeutung.

Wahrnehmung ist im allgemeinen abhängig von dem individuellen *Wissen über die Welt*, der Fähigkeit des *Speicherns* und der *Dekodierung* bestimmter Informationen. Abhängig hiervon ist, was gesehen wird und was dem Blick entgeht. Gegenstände rufen unterschiedlich starke *Assoziationen* hervor, die mit der gelebten Erfahrung zusammenhängen. Wahrnehmung hat insofern auch mit *Erinnerung* und *Wiedererkennen* zu tun. So nimmt man besonders die Dinge bewußt wahr, die man bereits kennt. Andere bis dahin bedeutungslose Gegenstände werden nicht oder nur am Rande wahrgenommen.

Durch das Wissen z.B. darüber, daß Gras oder Blätter im Sommer grün sind, kann eine schwarzweiße Landschaftsaufnahme als solche entziffert werden und wird als realistisches Abbild angesehen. Besonderes Interesse an speziellen Autotypen wird die Aufmerksamkeit bei der Betrachtung eines Straßenbildes auf die dort zu sehenden Fahrzeuge lenken, während der Naturliebhaber die am Rande der Straße zu sehenden Bäume oder die Berge im Hintergrund genauer betrachtet.

Sinnliche Wahrnehmung ist demnach gebunden an *äußere Reize*, die *individuelle Sozialisation* und die *Kultur*, in der man lebt. Westliche Kulturen vertrauen in erster Linie der Wahrnehmung materieller Erscheinungen, wodurch die optische Wahrnehmung Priorität gewinnt und andere Erscheinungen als »übersinnlich« in Frage gestellt werden. Andere Kulturen wieder, die die Existenz immaterieller Bewußtseinszustände in den Mittelpunkt stellen, sind weniger abhängig von der visuellen Wahrnehmung und bilden gleichzeitig andere Sinne stärker aus.

Darüber hinaus spielt die *kulturabhängige Symbolik* eine zentrale Rolle. Die Dinge, für die kein sprachlicher Begriff existiert, werden nicht mit einer solchen Sicherheit als existent angesehen wie die Dinge oder Zustände, für die eine Kultur

Begriffe zur Verfügung hat. Zwar gibt es seit Freud eine Symbolik für das Unbewußte, die er in seiner Traumdeutung erarbeitet hat und die von Jung weiterentwickelt wurde, doch sind wir im Umgang mit unbewußten Verhaltensweisen äußerst unsicher. Die Kunsttherapie setzt an diesem Punkt an. Hier werden die Dinge, für die wir keine Begriffe haben, in Bilder gefaßt und machen so trotz »Sprachlosigkeit« Kommunikation möglich.

Eine Selektion findet ferner durch die dem Menschen eigenen *physischen Wahrnehmungsgrenzen* statt. So sind wir weder in der Lage, die Luft visuell zu erfassen noch die hohen Frequenzen der Fledermauslaute zu hören.

1.3 Die Frage nach der Wirklichkeit

Die Frage, ob ein Foto »Wirklichkeit« abbildet oder nicht, steht sowohl im Bereich der Kunst als auch der Wissenschaft immer wieder im Mittelpunkt der Betrachtung, ist jedoch bis jetzt kaum eindeutig beantwortet worden.

Eine Fotografie ist nie das reine Abbild der Realität. Die Wahl des Ausschnitts, der Perspektive, des fotografierten Objektes, des Lichts, Art und kultureller Kontext der Präsentation sowie individuelle Deutung der Symbole durch den Betrachter sind ausschlaggebend für die Konstruktion einer neuen, veränderten Realität.

Ein Foto ist eher ein Abbildung einer *angenommenen* Wirklichkeit, wobei von einer subjektiven Wirklichkeit auszugehen ist. Es kann immer nur ein Ausschnitt dieser Wirklichkeit sein. Ausstrahlung eines Menschen oder Sprachverhalten, der Klang einer Stimme etc. bleiben dabei auf der Strecke. Goffman (1981) spricht von *»kleinen Verhaltensteilen«*, die durch ein Foto belegt werden können. So ist es nicht verwunderlich, wenn in einer Umfrage von Günter Spitzing (1985) 6% der Meinung waren, auf einem Foto besser zur Geltung zu kommen. 67,2% der Befragten waren dagegen überzeugt, in »Wirklichkeit« besser auf andere Leute zu wirken als auf einem Foto. Auf der Abbildung geht das verloren, was Walter Benjamin (1977) die »Aura« nennt.

Während ein Porträt also zumindest immer ein Abbild eines Persönlichkeits*anteiles* ist, stellt es darüber hinaus in der Regel ein Abbild der Gesellschaft dar. In Gestik, Körperhaltung und Kleidung drücken sich gesellschaftliche Normen und Zwänge, Träume, alltägliche Lebensgewohnheiten und Ideale aus.

Ein Ineinandergreifen von Schein und Wirklichkeit wird bei der Betrachtung der Werbefotografie deutlich. Während einerseits jedes technische Mittel zur Manipulation zugelassen ist, wird gleichzeitig mit der Darstellung einer Person auch immer ein Stück der wirklichen Persönlichkeit, des »Trägers der Maske«, abgebildet. Auch das Wissen um das künstliche Arrangement des Fotos verhindert deshalb nicht seine Glaubwürdigkeit. Die realistischen Anteile des Bildes sind somit als das »Punktum« (Barthes 1989) anzusehen.

In der Werbefotografie wird eine Wirklichkeit fotografisch manipuliert dargestellt, so daß sie eine realistisch wirkende Scheinwelt zeigt. Durch ihre massenweise Verbreitung und die Alltäglichkeit dieser Bilder auf dem Hintergrund des Realitätsanspruches an das fotografische Bild prägt sich diese Scheinwelt zumindest teilweise dem Betrachter als »normal« ein. Mit der Zeit beeinflussen die Abbildungen die Bedürfnisse des Betrachters so, daß er seinen Alltag danach gestaltet. Die Scheinwelt wird Wirklichkeit. Die Wirklichkeit bietet sich nun wieder der Manipulation an. Auf diese Weise entsteht eine ständige wechselseitige Beeinflussung, die eine klare Abgrenzung verhindert.

Auch in der Porträtfotografie findet sich dieser Kreislauf wieder: Im Bewußtsein, fotografiert zu werden, wird eine Person veranlaßt, sich zu verstellen. Das Foto soll zeigen, wie sich die Person zu sehen wünscht. Das Porträt wird somit zum Trugbild, zur Illusion. Der Glaube, daß Realität und Abbildung identisch sind, führt dazu, daß diesem Selbstbild zunächst vertraut wird, auch wenn jemand in seinem tiefsten Inneren den Irrtum spürt. Mit der Zeit jedoch werden Anteile dieser »Wunschperson« internalisiert. Diese Fakten macht sich die pädagogische und therapeutische Arbeit mit Fotografie zunutze.

Ein Foto kann aber auch »wirklicher als die Wirklichkeit« sein: Das menschliche Auge ist nicht in der Lage, alle sichtbaren Details gleichzeitig in einer Situation scharf wahrzunehmen, sondern kann immer nur einen Teil erkennen. Der natürliche Blick ist nur punktuell scharf. Durch die gleichmäßige Schärfe des Fotos werden Dinge sichtbar, die in der realen Situation nicht faßbar sind.

Mit fotografischer Technik ist es möglich, schnelle Bewegungsabläufe detailliert zu skizzieren (es gibt bereis Belichtungszeiten von einer hundertbilliardstel Sekunde), bei Dunkelheit Objekte sichtbar zu machen, die das bloße Auge nicht erkennen kann, oder Objekte tausendfach zu vergrößern und sie dadurch erst dem Auge zu offenbaren.

Das Foto hat demnach die Funktion einer Lupe: Wir sehen die Welt im Abbild deutlicher, als wir es in der Realität können. Gleichzeitig ist unsere Wahrnehmung dessen, was wir sehen, konzentrierter, weil wir nicht durch Geräusche, Gerüche oder die Dinge abgelenkt werden, die den Bildausschnitt umgeben. Wir haben die Möglichkeit, das Foto zu Hause in Ruhe zu betrachten. Die Aufnahme eines Baumes beispielsweise kann dort genauer als der abgebildete Baum selbst in seinem realen Umfeld wahrgenommen werden, da der Autolärm der angrenzenden Straße, die damit verbundenen Gerüche oder vorbeigehende Passanten unsere Aufmerksamkeit nicht stören können.

Eine besondere Position in der Liste der Realitätsbeweise besitzt der fotografische »Schnappschuß«. Schnappschüsse sind im Bildjournalismus sehr beliebt. Gerade hier gelten sie als ein Beweis für Ereignisse, wobei die Darsteller auf dem Foto nicht unbedingt sehr vorteilhaft aussehen müssen. Das Erschreckende, Entlarvende, Unvorteilhafte, Lächerliche ist gerade hier gewünscht. Dieser oft erzielte Effekt macht Schnappschüsse für die Abgebildeten so unbeliebt.

Ein Schnappschuß bildet Ereignisse so ab, daß der Betrachter relativ zuverlässige Schlußfolgerungen darüber anstellen kann, was dem Moment der Aufnahme vorausging und was ihm vermutlich folgte. Schnappschüsse können in diesem Sinn als glaubwürdige Beweise eines Zustandes oder eines Ereignisablaufes angesehen werden.

In den Bildern Henri Cartier-Bressons (vgl. Prikker 1982) verbinden sich die Elemente des Schnappschusses sowie die des inszenierten Fotos: Während er fotografierte, ohne daß dies von den Porträtierten bemerkt wurde, so daß die Situation durch den Akt des Fotografierens nicht beeinflußt werden konnte, achtete er gleichzeitig auf die Gestaltung des Bildaufbaus und die Auswahl des Bildinhaltes. »Photographieren heißt, in einem einzigen Augenblick, in einem Bruchteil einer Sekunde einen Tatbestand und die strenge Gliederung optisch wahrnehmbarer Formen, die diese Tatsache mitteilen oder andeuten, zu erkennen. Das heißt, Verstand, Auge und Herz in Einklang mit dem Ziel bringen« (ebd., S. 705).

Barthes (1989) sieht das Wesen der Fotografie in der Verbindung zwischen Realität und Vergangenheit. Er gesteht dem Foto Wirklichkeit zu, jedoch ausschließlich für die Aussage: »Es ist so gewesen.«

Die Manipulation der Wirklichkeit hat in der »virtuellen Realität«, wie sie seit ca. zehn Jahren entwickelt wird, ihren Höhepunkt. In der »virtuellen Realität« werden mittels eines Datenanzuges und -handschuhs sowie Positionssensoren, die über Mikrophon verbunden sind, Computervisionen erzeugt. Dem Benutzer ist es hier möglich, in eine Welt einzutauchen und Einfluß auf sie zu nehmen, die sich zwar an der Realität orientieren kann, darüber hinaus jedoch ausschließlich in der Wahrnehmung des Benutzers stattfindet.

Zusammenfassung

Eine Fotografie ist u. a. durch die Wahl des Ausschnitts, die Aufnahmerichtung und die Lichtverhältnisse manipulierbar. Sinnlich erfaßbar ist ein Foto ausschließlich durch die Augen, die anderen Sinneserfahrungen im Zusammenhang mit einer

Abbildung können nur erinnert werden. Zeit und Raum werden reduziert wiedergegeben. In der Schwarzweißfotografie werden die ursprünglichen Farben in verschiedene Graustufen »übersetzt«.

Die Bildwahrnehmung unterliegt subjektiven Faktoren, der individuellen Sozialisation, der kulturabhängigen Symbolik sowie der Intention der Betrachtung. Die Interpretation des Bildes ist deshalb ebenfalls subjektiv gefärbt und kann nur zu einem geringen Teil als objektiv angesehen werden.

2. Das Selbstporträt in der Fotografie

Das Porträt hat seit jeher magische Ausstrahlung besessen: Nicht umsonst sind Porträts in den verschiedensten Religionen als unheilvoll bezeichnet worden. Die christliche Religion erhielt erst durch die »Vermenschlichung« der Christus-Figur quasi ersatzweise für den unsichtbaren Gott die Erlaubnis der Abbildschaffung.

Während es in der Antike lediglich den Herrschenden vorbehalten war, beispielsweise im Zusammenhang mit der Münzprägung, Selbstbilder zu erhalten, wurde es, einhergehend mit der Entdeckung des Individuums in der Renaissance, auch für die Wohlhabenden möglich, sich von Malern porträtieren zu lassen. Bis dahin Privileg einer reichen Minderheit, bot sich ab 1750 für eine breitere Bevölkerungsschicht die Gelegenheit, in Form von Miniaturporträts und Scherenschnitten ein Selbstbild zu erhalten.

Das Jahr 1827 gilt als die Geburtsstunde der Fotografie. Anfangs waren Reproduktionen noch nicht möglich, jedes Foto war ein Unikat. Durch die im folgenden jedoch wachsenden Möglichkeiten in Technik und Handhabung wurde ein Demokratisierungsprozeß in Gang gesetzt, der immer mehr Menschen das Fotografieren ermöglichte. Dabei stand von Anfang an das Porträt im Vordergrund. Freund berichtet von Schätzungen, die davon ausgehen, daß in Amerika 1850 ca. acht bis zwölf Millionen Dollar für Fotos ausgegeben wurden, wobei ca. 95% auf Porträts entfielen. Die »*Technik der Selbstdarstellung*« (Freund 1989) gewann immer mehr an Bedeutung.

Anfangs waren die Fotos der Malerei noch sehr ähnlich.

Dies ergab sich nicht zuletzt aus der Aufnahmetechnik. Durch die noch spärlich entwickelte Beleuchtungstechnik waren die fotografierten Personen einer langen Prozedur ausgesetzt. Die belichteten Platten wurden danach mit dem Pinsel bearbeitet, was die Ähnlichkeit zum gemalten Porträt erhöhte. Die fotografisch genauen Malereien der 70er Jahre dieses Jahrhunderts, wie die Porträts von Chuck Close oder Franz Gertsch, beweisen das noch immer herrschende Interesse an einer gegenseitigen Befruchtung und Vermischung von Fotografie und Malerei.

Was heute in Bilderserien darstellbar ist, mußte bis zur Erfindung von Reproduktionsmöglichkeiten in einem Bild zusammengefaßt werden. In der Malerei war man seit jeher darauf bedacht, Porträts in Arrangements darzustellen, um in einem Bild möglichst den gesamten Lebenshintergrund des Abgebildeten zu zeigen. Das Ergebnis war eine idealisierte, klischierte Welt, die die entsprechenden Symbole zum Beweis von gesellschaftlicher Position, Vermögenssituation und privater Lebenswelt stilisierte. Dies änderte sich auch am Anfang der Fotografie nicht. Mitte des 19. Jahrhunderts arrangierte der Fotograf Disderi die Bilder seiner Kunden so, daß sie zu einer Klischeedarstellung des Abgebildeten, seines Berufs und seiner Gesinnung wurden.

Der Fotograf Gaspard-Felix Tournachon-Nadar, kurz Nadar genannt, von dem auch eines der ersten Selbstporträts, und zwar aus dem Jahre 1855 existiert, gab sich bereits in dieser Zeit nicht mit Porträts zufrieden, die äußere Schönheit und Erhabenheit präsentieren sollten. Ihm ging es darum, den typischen charakteristischen Ausdruck eines Menschen zu finden und festzuhalten, was ihm unter Berücksichtigung der technischen Möglichkeiten weitgehend gelang.

Im Laufe der Zeit begann man, mit dem Selbstbild zu experimentieren: So fotografierte Julia Austin sich 1891 mit zwei Freundinnen zusammen in Männerkleidung. Sie hatten sich Bärte angemalt und ahmten die männlichen Posen nach, die für diese Zeit typisch waren. Louise Deshong-Woodbridge porträtierte sich 1910 selbst, indem sie eine Collage schuf, in der sie in Bergmannskleidern zu sehen war. Beide Künstlerinnen parodierten in ihren Bildern die männlichen Posen, die zu dieser Zeit üblich waren. Sie stellten darüber hinaus auf diese Weise die zeitgenössische Darstellung von Frauen in Frage.

Herbert Bayer spielte mit seinem Selbstporträt 1932 auf den scheinbaren Realitätsgehalt eines Fotos an. In dieser Fotomontage sieht man ihn, entsetzt in einen Spiegel blickend, während er einen scheinbar herausgeschnittenen Teil seiner Schulter in der Hand hält.

Dennis Oppenheims Selbstporträt »Reading Position for Second Degree Burn, Stage 1 and 2« von 1970 zeigt den Körper des Fotografen. Er legte ein Buch auf seinen Bauch und erreichte durch gleichzeitige Sonnenbestrahlung, daß sich diese Fläche später weiß von dem restlichen Körper abhob. Somit unterzog er sich in der Fotografie einem Belichtungsprozeß, der sich später sowohl in der Belichtung des Filmnegativs als auch während der Vergrößerung des Negativs wiederholte.

Selbstbildserien tauchten vor allem in den 70er und 80er Jahren auf. Während sie wie bei Hannah Wilke oder Jürgen Klauke dazu dienen, verschiedene Persönlichkeitsanteile darzustellen, subjektive und gesellschaftliche Sehweisen nebeneinanderzustellen und so über die Selbstdarstellung hinaus Gesellschaftskritik zu üben, stehen die Selbstbildserien von Katharina Sieverding im Zusammenhang mit einer prozeßhaften Kunst, wie sie von Josef Beuys vermittelt wurde.

Arnulf Rainer übermalte seine Selbstporträts und nahm ihnen somit den dokumentarischen Charakter. Lucas Samaras manipulierte seine Polaroidselbstbildnisse mit Luftdruck und Hitzeeinwirkung und erzielte damit Verfremdungseffekte (Pultz 1995).

Anselm Kiefer benutzte das Selbstporträt als Mittel zur Selbsterfahrung. In seiner 1969 entstandenen Serie »Besetzungen«, die ihn mit Hitlergruß posierend darstellt und anhand eines Textes dem Betrachter zu vermitteln sucht, Kiefer habe die Schweiz, Frankreich und Italien besetzt, setzt er sich mit der deutschen Geschichte auseinander. »Ich identifiziere mich weder mit Nero noch mit Hitler. Aber ich muß ein kleines Stück mitgehen, um den Wahnsinn zu verstehen«, erklärte er hierzu (Dickel 1993).

Künstler wie Jürgen Klauke oder das Künstlerpaar Ulay und Marina Abramovic benutzen die Fotografie nicht nur als Mittel zur künstlerischen Selbstdarstellung für ein Publikum, sondern als Medium zur Selbstidentifikation mit therapeutischem Effekt: In der Darstellung der verschiedenen Persönlichkeitsanteile durch Kostümierung, Inszenierung und die Darstellung aus Perspektiven, aus denen sie sich selbst nur mit Hilfe der Fotografie sehen können, entdecken sie sich selbst, ihre geistige und seelische Welt sowie ihre körperliche Erscheinung, und gelangen so in einen Entwicklungsprozeß, der fotografisch festgehalten wird.

Im Bereich der Kunst wird bis heute von vielen Künstlern und Künstlerinnen mit *Bildinszenierungen* als Mittel zur fotografischen Selbstdarstellung gearbeitet. Laszlo Wols, Bettina Rheims, Anne Zahalka oder Cindy Sherman bedienen sich hauptsächlich dieser Technik.

Cindy Sherman setzt sich dabei mit verschiedensten Rollen und ihrer optischen Umsetzung auseinander, indem sie die »perfekte Szene« erfindet, entwirft und ins Bild setzt. Sie gestaltet Arrangements, in denen sie Realität und Traum im Bild vereint. Hier geht es nicht nur um Verkleidung. Mit allen ihr zur Verfügung stehenden technischen Mitteln des künstlerischen Ausdrucks und der künstlerischen Verfremdung erweitert sie in ihren arrangierten Bildern ihren Körper mit Körperteilen und zerstückelt ihn wieder. Sie setzt sich bis zur Unkenntlichkeit maskiert in futuristisch wirkende Szenerien oder entwirft Fotos, die gleich Schnappschüssen Momentaufnahmen einer Wirklichkeit sind, die nie wirklich war.

Dabei sieht Cindy Sherman ihren Körper als Instrument zur Gestaltung. Obwohl sie sich ausschließlich selbst fotografiert, will sie ihre Fotos nicht als Selbstbildnisse verstanden wissen. »Ich sehe mich bloß als Modell, und das ist für mich eine andere Person.« – »Ich versuche immer, in den Bildern so weit wie möglich von mir selbst wegzugehen« (Dickhoff 1995).

Anne Zahalka gestaltet ihre Fotos, indem sie die für die Fotografie Mitte des 19. Jahrhunderts typischen Requisiten wie einen Vorhang oder Tisch mit Requisiten der heutigen Zeit wie Schallplatten oder einem Walkman verbindet.

Arrangierte Bilder sind darüber hinaus typisch für die Arbeit im Fotostudio. Die Pose ist charakteristisch für die Atelierfotografie.

Bildliche Inszenierungen sind hauptsächlich Bestandteil der Werbeindustrie und der Kunst. In der Werbung sollen sie Träume wecken und positive Assoziationen zu dem entsprechenden Produkt visualisieren. Durch die massenhafte Präsentation der Medien sind diese Bilder heute Bestandteil des alltäglichen Lebens. In diesem Zusammenhang ist es nicht verwunderlich, daß die Porträts von TeilnehmerInnen fotopädagogischer Kurse oft wie Bilder aus der Werbe- oder Modebranche aufgebaut sind. Die erlernten Sehgewohnheiten finden hier ihren Ausdruck.

Zusammenfassung

Selbstporträts besaßen in der Malerei schon immer große Bedeutung. Mit Beginn der Fotografie erlangte das Selbstbild einen zentralen Stellenwert in diesem Medium. Die Faszination des Selbstbildes motivierte zahlreiche Künstler dazu, sich mit ihrem Abbild zu konfrontieren und sich künstlerisch damit auseinanderzusetzen.

3. Fotografie als Spiegel und Mittel zur Selbstreflexion

Die Spiegelmetaphorik der Fotografie hat einen ihrer Bezugs-punkte in der Daguerreotypie, einem fotografischen Verfah-ren, das 1837 von Louis Jacques Mande Daguerre erfunden wurde. Durch die silbern schimmernde Schicht der Metallplat-te lag die Assoziation nahe. Gleichzeitig war die Spiegelmeta-phorik zum Zeitpunkt dieser Erfindung allgemein sehr ge-bräuchlich.

Der Spiegel ist nach Lacan (vgl. Akashe-Böhme 1992, S. 41) das Medium, mit dem sich das Kind im Alter vom sechsten Lebensmonat an als *»imaginäre Einheit«* wahrzunehmen im-stande ist. Der Augenblick des Erkennens löst im Kind, so La-can, *»jubilatorische«* Gefühle aus. Da das Körperschema zum Zeitpunkt, zu dem sich das Kind das erste Mal im Spiegel sieht, noch nicht integriert ist, das Kind den eigenen Körper noch als aus einzelnen Körperteilen bestehend wahrnimmt und nicht als einheitlich, kann der Eindruck des Spiegelbildes nur ein illusorischer sein. Hierin sieht Lacan den Ursprung der Aussage: »Ich ist ein anderer.« In Bezug hierzu setzt er die Spannung des Ich zu allen sozial erarbeiteten Situationen. Die Autonomie des Subjekts ist für ihn eine Verkennung (Pagel 1989, S.23ff.). Auch Busch (1995) bezeichnet den Blick in den Spiegel als einen *»reflexiven Anblick«* anstatt eines *»Durch-blicks«*.

Lacan sieht im Blick in den Spiegel einen Anblick des Trugs. Das Subjekt verstellt sich beim eigenen Anblick und be-kommt das zu sehen, was es zu sehen wünscht. Das Auge sor-tiert dabei das aus, was es nicht sehen möchte. Das Subjekt sieht im Spiegel nur seinen Schatten. Das von Lacan entworfene Bild entspricht insoweit dem Höhlengleichnis Platons.

In Anlehnung an die Sage des Narzissos, der sich in sein eigenes Spiegelbild verliebte, nannte Freud den Zustand bzw. Vorgang Narzißmus, bei dem »*das eigene Ich mit Libido besetzt und damit gleichsam zum Liebesobjekt wird*« (Dorsch 1991).

Die Figur des Narziß taucht das erste Mal in Ovids »Metamorphosen« auf: Entstanden durch eine Vergewaltigung der Nymphe Leiriope durch den Flußgott Kephissos, verschmäht der schöne und begehrte Sohn sowohl Frauen als auch Männer. Der Seherspruch des Theiresias besagt, daß sein Leben so lange dauern soll, wie er sich nicht erkennt. In einer Quelle jedoch erblickt er sein Abbild und entbrennt in Liebe zu dieser vermeintlich anderen Person. Erst dann erkennt er, daß er sich selbst im Spiegelbild gesehen hat. Aus Verzweiflung über seinen Irrtum und seine Ausweglosigkeit stirbt er auf einer Wiese, auf der später die Narzisse wächst. In anderen Quellen wird der Tod des Narziß auf einen Selbstmord aufgrund seiner Verzweiflung zurückgeführt. Die Nymphe Echo, die unter der aussichtslosen Liebe zu Narziß leidet, während sie aufgrund ihrer Geschwätzigkeit von der Göttin Venus ausschließlich zum »Nachplappern« verdammt ist, behält von ihrer Stimme lediglich das Echo (Roth 1990).

Roth sieht in diesem Mythos bereits viele Bestimmungen, die später in den psychologischen Begriff des Narzißmus einfließen: die schuldhafte Liebe zu sich selbst, ihre Undurchführbarkeit, das Ende im Selbstmord, das Element der Homosexualität, Kühlheit und Mißachtung gegenüber anderen Menschen, aber auch das Element der Selbsterkenntnis (ebd., S. 17).

Bis heute hat der Narzißmus verschiedene Bewertungswandlungen erfahren. Dabei sind die Bewertungen des Narzißmus sowohl im Laufe der Zeit als auch in den verschiedenen Sichtweisen der Psychologen und Forscher immer ambivalent gewesen. Während er auf der einen Seite mit Selbstbezogenheit, Eitelkeit, Rückzug der Libido von allen

Objekten auf sich selbst bis hin zu autistischem, selbstzerstöre-rischem und suizidalem Verhalten in Verbindung gebracht wird, wird in ihm auch gleichzeitig seine heilsame und notwen-dige Funktion erkannt, so z. B. im Zusammenhang mit Selbst-wertgefühl und Selbstreflexion. Ursprünglich im Zusammen-hang mit der Betrachtung klinischer Phänomene wie Perversionen, Neurosen und Psychosen entwickelt, wurde zu-nehmend bereits von Freud selbst die heilende Funktion kon-statiert. So erwähnt er den *»Rückzug auf das Ich zu dessen Schutz«* oder das *»normale und zeitlich beschränkte Phäno-men des Schlafes«* (Roth 1990, S. 43). Dabei bedeute der Schlaf nichts anderes als den narzißtischen Rückzug der Libido auf die eigene Person.

Roth unterscheidet explizit den Egoisten und den Narziß-ten: Im Narzißten sieht er einen seiner eigenen Existenz und Person gegenüber verunsicherten Menschen, der *»die anderen zur Vergewisserung und nicht selten zur Legitimation seiner ei-genen Existenz«* benötigt. *»Der Egoist hingegen betrachtet le-diglich sich selbst als handlungsberechtigtes Subjekt und die an-deren als Mittel zur Durchsetzung seiner Interessen«* (ebd., S. 24).

Jede Entwicklung von Selbstwertgefühl und Selbstreflexion ist ohne den Narzißmus undenkbar. Er dient sowohl der Angstabwehr als auch der Sublimierung. Von da aus ist der Sprung zur Kreativität und künstlerischen Betätigung nicht weit, denen ebenfalls narzißtischer Ursprung zugeschrieben wird. Die narzißtische Besetzung der eigenen Person befähigt diese überhaupt erst, zu lieben und zu geben, indem sie die Ich-Funktionen stärkt. Der Narzißmus ist demnach auch dar-an beteiligt, eine Identität aufzubauen und zu erhalten sowie sie wiederherzustellen, wenn sie verletzt oder zerstört ist.

Störungen in der narzißtischen Entwicklung können zu Fi-xierungen und neurotischem Verhalten sowie zu pathologi-schem Narzißmus führen. Die Ursache wird hier u. a. in feh-lender Empathie der Eltern und allgemein kränkenden Verhaltensweisen im Elternhaus gesehen.

Zentral bei gestörtem Narzißmus ist ein Zustand, bei dem

das Gefühl der Grandiosität und Allmacht parallel zu Minder-
wertigkeitskomplexen, Schuld- und Schamgefühlen herrscht.
Es kommt also nicht zu einer befriedigenden narzißtischen
Besetzung der eigenen Person, sondern zu einer narzißtischen
Überbesetzung parallel zur narzißtischen Unterbesetzung.

Die Spaltung in Grandiositäts- und Minderwertigkeitsge-
fühle bedeutet für die narzißtische Persönlichkeit eine ständige Zerrissenheit, während der es kaum möglich erscheint, zu
sich selbst zu finden. Die Persönlichkeit ist hin- und hergeris-
sen zwischen eigenem Perfektionsbestreben, Leistungsanfor-
derungen und Anpassungsverhalten einerseits und mangeln-
dem Selbstwertgefühl, Angst davor, in der eigenen Schwäche
und Unsicherheit erkannt zu werden, und Angst vor Verletzungen andererseits. Kohut sieht deshalb auch den therapeutischen Erfolg dann als gegeben, wenn ein humoristischer Umgang auch mit eigenen Schwächen und Eigenheiten möglich
ist (Roth 1990).

Interaktionsspiele und Wahrnehmungstrainings in Verbindung mit der verstärkten Zuwendung zum Körper und künstlerische Tätigkeit werden als Therapieansatz empfohlen. Im
pädagogischen Jugendbereich wird in diesem Zusammenhang
die Arbeit in Kleingruppen hervorgehoben, die an den spezifischen Kommunikationsbedürfnissen der Jugendlichen ansetzt
(s. dazu Kapitel 7). Über kooperative Arbeitsformen sollen
ausgeprägte Ich-Strukturen gebildet, Kompetenz- und Handlungsfähigkeit erweitert und verdinglichte zwischenmenschliche Beziehungen abgebaut werden. Es gilt, die narzißtische
Libido zu neutralisieren und in Objektlibido umzuwandeln
und so eine Auflösung narzißtischer Fixierungen zu erreichen.

Mit der nötigen Abgrenzung sollte darauf abgezielt werden,
das Selbstwertgefühl der narzißtischen Persönlichkeit zu sta-
bilisieren und sie so zum Umgang mit den Anforderungen der
alltäglichen Realität zu befähigen. In diesem Zusammenhang
spielt die pädagogische oder therapeutische Arbeit mit dem
Medium der Fotografie eine zentrale Rolle.

Der englische Naturwissenschaftler Dr. Hugh Diamond
konfrontierte bereits 1850 Insassen einer Heilanstalt für Gei-

steskrankheit mit ihren Porträts und erzielte auf diese Weise einen therapeutischen Effekt (Gilman 1982). Die fotografische Bildinszenierung als Spiegel und somit als Hilfe zur sinnlichen, also auch affektiven Verarbeitung und Bewußtwerdung nahm hier ihren Anfang.

Zwischen 1870 und 1880 fotografierte der Neurologe Jean Martin Charcot in einem Fotoatelier der Pariser Anstalt Salpêtrière seine Patienten. Durch Hypnose brachte er die typischen Körperhaltungen zur Erstarrung und konnte sie dadurch zum damaligen Zeitpunkt bereits fotografisch festhalten, obwohl »Schnappschüsse« zu dieser Zeit durch die langen Belichtungszeiten technisch noch nicht realisierbar waren.

Bei dieser Tätigkeit konzentrierte sich Charcot hauptsächlich auf die Darstellung der hysterischen Gebärden. Sigmund Freud wurde durch dieses Archiv von Darstellungen angeregt, seine Interpretationen der Hysterie als »So sein als ob«-Inszenierungen zu entwickeln. Er ging so weit, die traumatische Situation einer Patientin räumlich zu inszenieren, um so die Ausgangsbedingungen rekonstruktiv zu spiegeln (Menzen 1992).

Ein Foto hält sozusagen das Spiegelbild in der Erstarrung fest. Während beim Spiegelbild der Gespiegelte sich selbst zum Objekt der Betrachtung macht, übernimmt dies in der Fotografie das imaginäre Auge der Kamera. Die Person ändert durch gezieltes Posieren ihr Spiegelbild. Dieses Spiegelbild nimmt Einfluß auf die Selbsteinschätzung des Betrachters und erzeugt somit ein neues Bild im Spiegel. Man sollte deshalb vom *Prozeß* des Spiegelns sprechen.

Mit der Fotografie wird das Spiegelbild von der Erscheinung ablösbar und transportabel. Es kann nun einem Publikum gegenübergestellt werden.

Während das Motiv des Spiegelbildes bereits in der Malerei sehr beliebt war, griff die künstlerische Fotografie diese Thematik von Beginn an ebenfalls auf: »Der britische Photograph John Frederick Goddard« von John Werge entstand bereits 1850 und zeigt den Fotografen vor seinem Spiegelbild. Teil einer Fotoserie von E. J. Bellocq, entstanden 1912, ist ein Akt einer Frau, die nachdenklich ihr Spiegelbild betrachtet. Humphrey Spender fotografierte 1930 »Ben Nickolson«, der in den Spiegel schaut, während das Spiegelbild gleichzeitig dem Betrachter des Bildes in die Augen zu sehen scheint. In einer der zahlreichen Selbstinszenierungen Cindy Shermans erscheint sie gleich dreimal: als Fotografierende, als Posierende sowie als Porträt im Spiegel.

Die Spiegelmetaphorik ist in engem Zusammenhang mit dem Wunsch nach Schönheit und projektiven Vorstellungen von Schönheit zu sehen. Ein Foto kann diesen Traum erfüllen, der fast so alt ist wie die Menschheit selbst: den Göttern zu gleichen in Schönheit und Vollkommenheit.

Es soll an dieser Stelle nicht erörtert werden, wie Schönheit definiert wird: ob als typisch weiblich im Gegensatz zu männlicher Erhabenheit wie bei Kant (vgl. Klinger 1992, S. 6), ob Schönheit überall zu entdecken ist, ob Schönheit »von innen« kommt oder äußerlicher Natur ist. Ich gehe im folgenden von einem Schönheitsbegriff aus, der auf einer gesellschaftlich und kulturell normierten Vorstellung von Vollkommenheit beruht. Was dies für unsere Gesellschaft bedeutet, wird beispielsweise auf Werbebildern deutlich, vor allem denen der Modebranche.

Ein Ort, an dem Schönheit produziert wird, ist demnach das Fotostudio. Die Modelle gelten im konventionellen Sinn als »schön«. Frauen und Männern, denen das Attribut »schön« zuteil geworden ist, steht das Studio als Ort der Präsentation zur Verfügung. Alles ist so eingerichtet, daß das Modell optimal zur Geltung kommen kann. Von außen betrachtet wird das Studio so zur »heiligen Halle«, die nur von Auserwählten betreten werden darf.

Im Fotostudio, dem Alltag entrückt, zeigen sich die Darsteller von ihrer besten Seite. Beeinflußt durch Licht, Schminke, Haltung und Gestik ist das Ziel, einen Menschen darzustellen, der stark, schön oder selbstbewußt ist. Die Magie der Schönheit ist in unserer Gesellschaft synonym mit Erfolg und Liebe.

Trotz des ambivalenten Charakters des Spiegelbildes behält seine Betrachtung eine Faszination, die sich die Fotopädagogik zunutze macht: In der Neugierde auf das abgebildete Spiegelbild liegt die Motivation, sich mit der eigenen Person auseinanderzusetzen.

Zusammenfassung

Die Spiegelmetaphorik im Zusammenhang mit Fotografie nahm ihren Anfang durch die silbern schimmernde, spiegelnde Oberfläche der ersten Daguerreotypien. Die Betrachtung eines Selbstporträts wurde schon früh mit dem Blick in den Spiegel verglichen. Auch in der Kunstfotografie wird das Spiegelthema immer wieder aufgegriffen.

Ein fotografisches Porträt ist einem erstarrten Spiegelbild ähnlich. Die Auseinandersetzung mit diesem Spiegelbild kann als Grundlage dazu dienen, die eigene Person einer kritischen Prüfung zu unterziehen. In diesem Zusammenhang kann das Verhalten während des fotografischen Prozesses Aufschluß über Selbstbeurteilung und eine eventuelle narzißtische Störung geben. Dabei ist von Bedeutung, daß der Blick in den Spiegel nicht nur im Zusammenhang mit Eigenliebe zu sehen ist, sondern als die Suche nach Mängeln vor dem Hintergrund eines negativen Selbstbildes.

4. Der fotografische Prozeß

Jeder, der bereits Erfahrungen mit Porträtfotos gewinnen konnte, wird festgestellt haben, daß die Reaktionen der fotografierten Personen äußerst unterschiedlich sind. Er wird beispielsweise die Erfahrung gemacht haben, daß Freunde wegen eines überfallartigen Schnappschusses verärgert sind, daß sie verlegen oder geschmeichelt reagieren. Wird ein Porträt vorbereitet, wird die Kleidung zurechtgerückt, schnell ein Kamm hervorgeholt oder die Schminke überprüft. Vielleicht wird der Fotograf selbst vor der Aufnahme seine Freunde aufgefordert haben: »Lach doch mal, du bist so ernst.« Meistens braucht man dies jedoch nicht zu betonen, die Fotografierten verfallen abrupt in ein »fotogenes Lächeln« oder schneiden Grimassen.

Auf diese vielfältigen typischen Reaktionsweisen soll im folgenden eingegangen werden, um in der pädagogischen Arbeit mit den individuellen Reaktionen bewußt umgehen zu können.

Darüber hinaus hat der technische Entwicklungsprozeß seine spezifischen Regeln und Auswirkungen auf Reaktionsweisen der Beteiligten. Auch darauf soll im folgenden eingegangen werden.

4.1 Die Anfnahme des einzelnen Bildes

Der fotografische Aufnahmeprozeß eines einzelnen Bildes besteht aus vier Phasen:

1. Die erste Phase beginnt mit dem Anlaß, aus dem heraus der Wunsch nach einer Aufnahme hervorgeht. Es entsteht die *Idee* eines Bildes.
2. Die zweite Phase beginnt mit der *Vorbereitung.* Die Vorkehrungen setzen für die zu fotografierende Person mit der Wahl der Kleidung, der Frisur, der Schminke und der Entscheidung für eine Pose ein. Die Person hinter der Kamera bereitet mit der Einstellung der Kameratechnik, der Wahl der Beleuchtung und der Wahl eines Standpunktes die Aufnahme vor.
3. Der *Moment der Aufnahme,* die »Betätigung des Auslösers als Zündung einer psychophysischen Druckwelle« (Rolf Sachse 1992, S. 23), bildet die dritte Phase des Prozesses und ist der Höhepunkt der fotografischen Handlung. Die Anspannung ist für Fotografierende und Modell in diesem Moment am stärksten.
4. Dem Moment der Aufnahme folgt für beide Beteiligten die *Entspannung.* In dieser Phase kann man sich wieder ungezwungen bewegen, fühlt sich unbeobachtet und erleichtert.

Diese Spannungskurve wiederholt sich bei jeder weiteren Aufnahme, d. h. bei einem Film bis zu sechsunddreißigmal. Damit erklärt sich auch, warum ein Aufnahmeprozeß oft als sehr anstrengend empfunden wird.

4.2 Die Wirkung des gesamten Aufnahmeprozesses

Der *gesamte fotografische Aufnahmeprozeß* beinhaltet im allgemeinen *drei* Phasen. Dabei sind die Phasen nicht immer so klar voneinander abzugrenzen, wie sie hier dargestellt werden.

Die Spannungskurve während des Ablaufs der verschiedenen Phasen einschließlich der Phase des Entwicklungsprozesses sowie der Betrachtung des fertigen Bildes ist mit der Dramaturgie eines Theaterstückes oder eines Spielfilms zu vergleichen. Der Ablauf ist deshalb besonders anstrengend, da ein emotionaler Prozeß in Gang gesetzt wird.

4.2.1 Die Anfangsphase

Zu Beginn eines Aufnahmeprozesses sind die meisten Beteiligten vor und hinter der Kamera noch unsicher und angespannt. Vor der Kamera zu stehen, ungeteilte Aufmerksamkeit des Fotografen und eventuell anderer Zuschauer zu erhalten kann das Gefühl erzeugen, den »Boden unter den Füßen zu verlieren«.

Gleichzeitig ist für ungeübte Personen hinter der Kamera der Umgang mit der spezifischen Technik noch ungewohnt und erzeugt die Angst, durch technische Fehler in der Handhabung der Kamera die Aufnahmen zu verderben. Das persönliche Verhältnis zu der Person vor der Kamera ist darüber hinaus ausschlaggebend dafür, wie stark Einfluß auf die individuelle Darstellung genommen wird. Unsicherheit in der Anfangsphase kann hier zu verstärkter Zurückhaltung oder auch vorschnellem Agieren führen. Eine gemeinsame Kommunikationsebene und ein gleichberechtigtes Handeln vor und hinter der Kamera müssen sich innerhalb dieser Phase erst einmal entwickeln.

Angst und Unsicherheit, typische Reaktionen der Personen vor der Kamera, sollen im folgenden differenzierter betrachtet werden:

Angst

Abb. 1: Angst

Fotografiert zu werden kann das Gefühl der Angst erzeugen. Die in Abbildung 1 abgebildete Person vermittelt einen ängstlichen Eindruck durch die gebückte Körperhaltung sowie den seitlich geneigten Kopf und den fragend-ängstlichen Blick. Dieses Mädchen reagiert auf ihre Angst, indem sie versucht, sich mit ihren Armen zu schützen.

Das »Drohstarren des Kameraobjektives« (Spitzing 1985) kann für Menschen, die den Umgang mit der Kamera nicht gewohnt sind, so bedrohlich sein, daß sie davonlaufen. Dies konnte beispielsweise bei Eingeborenen beobachtet werden. Im magischen Denken vieler Eingeborenen gilt die furcht-erweckende Fotografie als Raub ihrer Seele.

Die Assoziation liegt nahe, bedenkt man die übliche aggressive »Fotosprache«, die Vergleiche zur Jagd- und Kriegersprache zuläßt: »ein Foto *schießen*«, »Schnapp*schuß*«, »Motiv*jagd*«, »Foto*safari*«, »*sich heranpirschen*«. Die auf den geeigneten Augenblick des Abschusses lauernde Körperhaltung des Fotografen unterstreicht das Bild des Fotojägers. Das fertige Foto wird als Trophäe davongetragen.

Flusser (1992) sieht nicht nur den Fotografen als Jäger, sondern den Fotoapparat selbst als Raubtier, das darauf lauert,

zum Sprung anzusetzen und zu fotografieren. Da er den Fotoapparat ähnlich allen Werkzeugen des Menschen als Verlänge-
rung menschlicher Organe, in diesem Fall des Auges, betrachtet, fließen hier die Bedeutungen wieder zusammen: Die
Geste des Fotografierens *ist* die Jagdbewegung.

Fotografiert zu werden bewirkt bei vielen die Angst, daß ein
Stück der Person vom Fotografen in Besitz genommen wird.
Sprachliche Belege für diese atavistische Angst sind Begriffe
wie *»aufnehmen«* oder *»im Bild festhalten«*.

Dadurch, daß ein Foto Beweiskraft für Realität besitzt, können Fotos Angst erzeugen, »entdeckt« zu werden. Die Be-
fürchtung besteht hier darin, daß etwas von der eigenen Person auf dem Foto festgehalten wird, was nicht gezeigt werden
soll. Gleichzeitig kann Angst davor bestehen, daß das Foto als
Realität ausgelegt wird, während man sich selbst nicht mit
dem Abbild identifizieren möchte.

Daß die Angst vor Abbildungen begründet ist, zeigen z. B.
Polizeifotos von Demonstranten, Verkehrssündern oder Fotos
der sogenannten »Verbrecherkartei« sowie Paßbilder vom
Automaten. Sie gelten als realistisch genaue Wiedergabe, sind
jedoch oft genug verzerrte und unvorteilhaft wiedergegebene
Teilansichten eines Menschen.

Die vielfältigen Formen der Angstreaktion werden in den
Bildern sichtbar. So versuchen viele, sich vor der Kamera zu
verstecken: Hände verschwinden in den Hosentaschen oder
hinter dem Rücken. Der Mund, die Nase oder der Unterkör-
per werden mit der Hand verdeckt oder die Arme zum Schutz
verschränkt. Kinder verstecken sich demonstrativ hinter ihren
Eltern. Andere entziehen sich der Aufnahme ganz, wenden
sich ab, sind wie erstarrt oder treten die Flucht nach vorne an,
indem sie aggressiv reagieren.

Nähe und Distanz der Kamera zur fotografierten Person
sind in diesem Zusammenhang wesentlich. Der fokussierte
Blick durch das Objektiv der Kamera wird als durchdringend
empfunden und kann so das Gefühl der persönlichen Entblö-
ßung und der Transparenz erzeugen. Durch Erfindungen wie
die des Teleobjektivs ist es möglich, eine Person »nah an die

Kamera heranzuholen«, ohne daß diese es merkt. Man kann so nah an eine Person herangehen, daß jede Pore der Haut deutlich zu erkennen ist. Dies überschreitet die Grenzen der Annäherung, die beispielsweise im Gespräch üblich sind. Es ist zu beobachten, daß Personen, die sich nicht gut kennen, sich meist nur aus größerer Distanz fotografieren. Nahaufnahmen werden oft nur von bekannten und vertrauten Personen gemacht und zugelassen.

In der pädagogischen Arbeit kann darauf explizit eingegangen werden. Die Aufgabe kann lauten:»Achte darauf, welche Distanz dir angenehm ist. Ab welchem Punkt wird Nähe für dich unangenehm? Weise dein Gegenüber darauf hin.« Die Beteiligten lernen so, ihre persönlichen Grenzen bewußter wahrzunehmen und zu artikulieren. Viele werden zwar verlegen, wenn man ihnen zu nah kommt, trauen sich aber oft nicht, den Fotografierenden zu bitten, weiter weg zu gehen. Auch die Bitte, man möge eine Nahaufnahme machen, erfordert meist etwas mehr Selbstbewußtsein.

Der Prozeß der Selbstdarstellung kann subjektiv als positiv oder negativ empfunden werden. Je problematischer die Einstellung zur eigenen Person, insbesondere zum eigenen Körper ist, desto größer ist die Angst, daß die vermeintlichen Mängel nun für jeden sichtbar gemacht und somit bewiesen werden können. Die intensive Konzentration auf die eigene Person verstärkt diese Ängste. Durch eine einfühlsame pädagogische Begleitung kann diese spezifische Angst der Beteiligten vor der Konfrontation mit dem Selbstbild überwunden werden.

Die pädagogische Arbeit besteht hier einerseits darin, auf die Mängel und Möglichkeiten des Mediums hinzuweisen. Durch die Vielfalt der Darstellungsmöglichkeiten soll verdeutlicht werden, daß ein Selbstbild nicht durch die *einzelne* Fotografie festgelegt wird. Einzelne Abbildungen stehen in einem Konkurrenzverhältnis und verweisen auf die Veränderlichkeit des Selbst sowie seiner Darstellungen. Hier findet sich ein prägnantes Beispiel für den Nutzen der vermeintlichen »Flüchtigkeit« der Bilder. Übereinstimmend hiermit kann die

Angst vor einer »Fixierung« durch das Foto durch verschiedene Darstellungsformen des »Selbst« genommen werden.

Andererseits kann die pädagogische Begleitung dabei helfen, die vermeintlichen Mängel weniger angstbesetzt zu betrachten. Oft ergibt sich hierbei, daß die Beteiligten, die den Mut aufgebracht haben, sich fotografieren zu lassen, überrascht feststellen, daß sie gar nicht so unvorteilhaft aussehen, wie sie immer geglaubt haben.

Unsicherheit

Abb. 2: Unsicherheit

Während das Mädchen in Abbildung 2 einen Teil ihres Gesichts hinter ihren Armen und ihren Haaren verbirgt, blickt sie gleichzeitig neugierig in die Kamera. Unsicherheit ist in diesem Zusammenhang Ausdruck der Ambivalenz eines Gefühls: »Ich will mich fotografieren lassen, aber ich trau' mich nicht richtig.«

Eine typische Reaktion der Unsicherheit ist das verlegene Lächeln. Dadurch wird die in der ambivalenten Haltung erzeugte Spannung überspielt oder aufgelöst. Während aufgrund der besonderen Sozialisation bei Männern häufig Aggression entsteht, um die Unsicherheit zu bekämpfen, findet sich bei Frauen und Mädchen eher ein besänftigendes Lächeln.

Die Ambivalenz gegenüber der Abbildung ist zugleich typisch für eine narzißtische Persönlichkeit. Einerseis möchte man im »Rampenlicht« stehen und fotografiert werden, andererseits sich verstecken oder gar »im Boden versinken«. Wie im paradoxen Beziehungsverhalten läßt sich hier ein Annäherungs-Vermeidungs-Verhalten beobachten, dessen Widerstände gegen die Öffnung der Person für den Pädagogen zugleich Chancen darstellen.

Dabei ist zunächst das spezifische Verhältnis zwischen »Verstecken« und »Zeigen« der jeweiligen Persönlichkeit zu erkennen. Welche Seite überwiegt, ist abhängig von der individuellen Persönlichkeit. Es entstehen Aufnahmen, auf denen Menschen zur Kamera hin agieren, sich aber gleichzeitig unter Hüten und Kleidern, hinter Gegenständen und anderen Menschen verstecken. In Extremfällen entsteht der Eindruck, daß Menschen vor der Kamera fast verschwinden.

Abb. 3: Unsicherheit

45

Abbildung 3 zeigt ein Mädchen, das erst in dieser Verkleidung aktiv zur Kamera hin agierte, während sie unkostümiert sehr unsicher und ernst wirkte und auf keinem Bild in die Kamera sah. Nachdem sie sich mehrere Röcke übereinander angezogen hatte, sich eine Perücke, einen Hut und eine Sonnenbrille aufgesetzt und sich mit weiteren Tüchern und Ketten behangen hatte, gewann sie Spaß am Aufnahmeprozeß. Hinter diesem Schutzwall war es ihr möglich, ihre Unsicherheit zu überwinden und in die Kamera zu blicken. Ihre Anspannung verrät sie jedoch durch die Stellung ihrer Ellenbogen, mit denen sie einen vermeintlichen Angriff abzuwehren versucht, während sie sich mit den Händen an ihrem Körper festhält.

Der Wunsch, sich festzuhalten, ist ebenfalls ein Zeichen von Unsicherheit. Dies kann an Gegenständen, Personen oder am eigenen Körper geschehen. Der Griff ins Haar oder das Ineinandergreifen der eigenen Hände hat die Bedeutung einer Ersatz- bzw. »Übersprungshandlung«, die einer realen Flucht vorbeugt. Dabei sind gerade bei unsicheren Reaktionsweisen geschlechtsspezifische Unterschiede zu beobachten: Frauen und Mädchen greifen sich häufig in die Haare, während Männer ihre Hände in den Hosentaschen verschwinden lassen.

Diese Verhaltensweisen können auch im Kollektiv Bedeutung gewinnen. Sind Personen in der Nähe, wird gerne bei ihnen Schutz gesucht. In der Gruppe, Arm in Arm, fühlt man sich sicherer. Dabei kann es vorkommen, daß selbst in Gruppen, die keine sehr enge Bindung haben, plötzlich der Anschein von Freundschaft entsteht. Die körperliche Nähe kann im weiteren Verlauf auch emotionale Nähe auslösen. Eine Fotoaktion schweißt auf diese Weise manchmal ganze Gruppen zusammen.

Festzuhalten ist, daß Angst und Unsicherheit von pädagogischer Seite aus nicht mit äquivalenten Gefühlen begegnet wird, sondern als Herausforderung und Eingriffstelle für die pädagogische Arbeit begriffen werden. Widerstände sind Spannungszustände. Negative oder ambivalente Energie stellt einen Motivationsschub dar, mit dem das Stadium der Teilnahmslosigkeit bereits verlassen ist. Der Schock über die Abbildung des eigenen Selbst, der historisch das Aufkommen der Fotografie begleitete, ist somit als ein Ansatzpunkt zur pädagogischen Aktivität zu sehen.

4.2.2 Die Hauptphase

Je vertrauter die Personen miteinander sind, desto schneller löst sich diese Anspannung und weicht einem hingebungsvollen, oft auch albernen und ausgelassenen Verhalten. Diese Entwicklung ist typisch für den Beginn der zweiten Phase des Aufnahmeprozesses. Es ist der Zeitpunkt, an dem Kreativität ihren Ausdruck findet und eine ernsthafte Auseinandersetzung mit der eigenen Person beginnen kann. Während manche Personen schon nach wenigen Aufnahmen an diesen Punkt gelangen, weicht die Unsicherheit bei anderen erst nach zwanzig oder dreißig Aufnahmen.

Nachdem PädagogInnen in der Anfangsphase vor allem die Aufgabe haben, Motivation und Mut zum Handeln zu vermitteln, steht nun eine positive Verstärkung durch Lob im Vordergrund. Es gilt, die gewonnene Sicherheit der Beteiligten zu erhalten und zu steigern. Gleichzeitig muß nun darauf geachtet werden, eventuellen Übermut vorsichtig zu bremsen, so daß einerseits die thematischen und sozialen Grenzen gewahrt werden, andererseits der gewonnene »Boden unter den Füßen« nicht wieder ins Wanken gerät.

Auch die typischen Reaktionsweisen dieser Aufnahmephase sollen im folgenden genauer betrachtet werden.

Hingabe

Abb. 4: Hingabe

Im »Rampenlicht« zu stehen bedeutet im allgemeinen, von einer Öffentlichkeit positiv aufgenommen zu werden. Fotografiert zu werden kann das Gefühl erzeugen, geliebt zu werden. Wärme, Geborgenheit bis hin zu einem quasiintrauterinen Zustand werden bei diesem »Bad in der Menge« für den »Star« eine kurze Zeit Wirklichkeit. Das Mädchen in Abbildung 4 spürt leibhaftig, daß sie es wert ist, im Mittelpunkt zu stehen. Quasi aus Dankbarkeit gibt sie sich dem imaginären Auge der Kamera hin.

In dieser Situation entsteht ein gleichsam erotisches Verhältnis zwischen fotografierenden und fotografierten Personen. Der Zustand der Geborgenheit wird gefördert, wenn der fotografische Prozeß in einer angenehmen und vertrauensvollen Umgebung stattfindet. Fotolampen können durch ihre Wärme und Assoziation zur Sonne den Hingabeeffekt erhöhen. Wenn dieses Stadium erreicht wird, ist der Zustand der Unsicherheit überwunden.

Dieses Stadium kann einen pädagogischen Ansatzpunkt darstellen, das negative Selbstbild zu korrigieren und eine positive Selbstsicht zu fördern. Der Verlust an Ambivalenz kann jedoch auch dahin führen, daß zwischen der Person vor und der hinter der Kamera eine fast symbiotische Beziehung entsteht. Dieser Zustand birgt Gefahren für die Beschaffenheit des »Selbst«: Eine selbstkritische Einschätzung und ein realistisches Eigenbild können beispielsweise durch Größenphantasien verhindert werden. Eine weitere Gefahr besteht darin, daß es zu einem symbiotischen Abhängigkeitsverhältnis zum Pädagogen bzw. zur Pädagogin kommen kann, das der Entwicklung eines gefestigten Persönlichkeitsbildes im Wege steht.

Hier kommt Pädagogen und Pädagoginnen die Aufgabe zu, nicht im »Verschmelzungsprozeß« Wirklichkeitsverluste zu fördern, die den Widerspruch zu der »alltäglichen« Persönlichkeit verstärken und so Grundlage neuer Konflikte werden können. In einer verantwortungsvollen Pädagogik sollte das Stadium der »Hingabe« daher nur als Durchgang zu einem gefestigten Selbstbild dienen.

Aktivität, Aggressivität und Kommunikation

Abb. 5: Aktive Kommunikation

Fotografierte Personen können auch offensiv reagieren:
In der aktiven Kommunikation mit der Person hinter der Kamera versichern sie sich selbst, daß sie sich nicht nur als

Objekt »ablichten« lassen, sondern selbst agieren. So nimmt der Junge in Abbildung 5 die aggressive Seite des fotografischen Vorgangs an und setzt ihr etwas entgegen. An diesem Punkt kann pädagogisch angesetzt werden.

Wird der Fotograf in einer Rolle des Beobachters wahrgenommen, kann es zu Abwehrreaktionen kommen. Je nach Persönlichkeit, Situation und Anlaß wird dann u. U. mit Aggression gegen den Fotografierenden reagiert. Auf Fotos sind immer wieder Abwehr- und Drohgebärden gegen den Fotografierenden zu sehen. Daß diese Drohgebärden auch zu Übergriffen auf die Person hinter der Kamera führen können, beweisen beispielsweise Angriffe auf Fotoreporter.

Aber auch in abgeschwächter Form sind Drohgebärden üblich: Die zur Kamera gerichtete Faust mit hochgestrecktem Daumen oder Mittelfinger, das Herausstrecken der Zunge oder das Einnehmen einer Kampfstellung gegenüber der Kamera sind häufige Formen, die oftmals durch ein gleichzeitiges Lachen abgeschwächt werden.

4.2.3 Die Schlußphase

Ähnlich wie in der letzten Phase bei der Aufnahme eines einzelnen Bildes wird die dritte Phase durch das Gefühl der Entspannung geprägt. Die körperliche und geistige Anspannung der vorherigen Phasen fällt von einem ab und führt zu einer Erleichterung, die häufig Ausgelassenheit zur Folge hat. Nachdem vorher die ganze Konzentration auf die eigene Person fokussiert war, die Kontrolle der eigenen Mimik und Gestik sowie die Bewältigung der entstehenden Emotionen alle Energien in Anspruch nahmen, wird es nun genossen, sich gehenzulassen und den emotionalen und körperlichen Druck in Aktivität umzusetzen und somit abzubauen.

Ein gemeinsames Abendessen kann beispielsweise dazu verhelfen, die in dieser Phase entstehenden Gefühle aufzufangen. Eine solche abschließende Runde sollte Raum geben, sich über die Erlebnisse während des Aufnahmeprozesses auszutauschen. Kommt es hierbei zu tiefgreifenden Diskussionen, ist dies sicherlich erfreulich. Es sollte jedoch keinesfalls vorausgesetzt werden, da durch einen solchen Anspruch das Gefühl der Überforderung entstehen und die Motivation für weitere Aufnahmeprozesse gedämpft werden kann. Vor allem bei Kindern und Jugendlichen sind in der Schlußphase Ausgelassenheit und Albernheit zu beobachten, denen hier Raum gegeben werden sollte, um einen Abbau der Anspannung zu unterstützen.

4.3 Die Wirkung des technischen Entwicklungsprozesses

Der Prozeß der *Film- und Papierentwicklung* birgt mehrere Spannungskurven. Höhepunkte bilden das Aufspulen des Films, die erstmalige Betrachtung des entwickelten Films, das erste Auftauchen des Kontaktbildes sowie das langsame Erscheinen des vergrößerten Bildes im Entwickler.

Der technische Entwicklungsprozeß erfordert diszipliniertes Arbeiten, Geduld und motorische Geschicklichkeit. Gerade hierbei ist es notwendig, Schritt für Schritt die einzelnen Techniken zu erlernen.

Bereits das übungsweise Aufspulen des Films ist für viele eine Anforderung, die die Grenzen der Geduld und Frustrationstoleranz erreicht. Oft sind mehrere Versuche nötig, bis sich der erste Erfolg zeigt.

Das Aufspulen des Films in völliger Dunkelheit ist eine weitere Hürde, die gerade für diejenigen besondere Bedeutung gewinnt, die Dunkelheit mit traumatischen Erlebnissen verbinden. Hat sich ein Teilnehmer dazu entschlossen, sich freiwillig dieser Situation auszusetzen, kann dieser Schritt den Anfang einer therapeutischen Situation bedeuten. Er lernt, Dunkelheit auch mit positiven Gefühlen und Erfolgserlebnissen zu verbinden. Den alten, traumatischen Bildern werden neue, positive Bilder entgegengesetzt. Die ausschließliche Assoziation des Gefühls der Angst in der Dunkelheit erfährt eine Alternative.

Die Reduzierung auf das taktile Erleben ruft erst einmal starke Verunsicherung hervor. Gerade bei Personen mit eingeschränkter Wahrnehmung des eigenen Körpers kann dieser Schritt starke Versagensängste bewirken. Eine einfühlsame pädagogische Begleitung, die den Gruppenmitgliedern vertraut ist und eine beruhigende Ausstrahlung besitzt, kann den Beteiligten dazu verhelfen, durch Erfolgserlebnisse größeres Selbstvertrauen zu gewinnen.

Bei Jugendlichen kann die Arbeit im Dunkeln zur Mutprobe werden. Sie entspricht der Abenteuerlust, die für dieses Alter besonders typisch ist.

Die Einhaltung der kleinen technischen Arbeitsschritte ist weiter beim Erstellen der Kontaktabzüge sowie der Vergrößerungen notwendig. Das langsame Auftauchen des ersten Bildes in der Entwicklerflüssigkeit bedeutet das erste Erfolgserlebnis. Sind mehrere Probestreifen nötig, entsteht ein Kampf zwischen Ungeduld und Neugierde, Versagensangst und Ehrgeiz. Diese Ambivalenz ist für viele Klienten nur schwer auszuhalten. Erst wenn die Erfahrung gemacht wurde, daß diese Versuche nicht als Fehler gelten, sondern zum normalen Ablauf gehören, können diese Zwischenschritte mit Ruhe und Zuversicht ausgeführt werden.

Beim technischen Entwicklungsprozeß wird die Interaktion mit dem jeweiligen Partner besonders wichtig. Wird zu zweit an einem Vergrößerer gearbeitet, muß Einigkeit darüber hergestellt werden, wer an der Reihe ist, wie viele Abzüge jeder machen kann, was als nächstes getan wird usw. Kooperation wird geübt. Warten, bis der Partner fertig und der andere an der Reihe ist, bedeutet, Zwischenzeiten zu überbrücken, die oft nur schwer zu ertragen sind.

Führt diese Situation in bestimmten Gruppen zu häufigen Streitereien, so können entsprechende Veränderungen in der Aufgabenstellung eine Interessenverlagerung bewirken, die sich positiv auf die Interaktion auswirken. Thema der nächsten Kurseinheit könnte beispielsweise sein: »Fotografiere die Besonderheiten deines Partners.« Lautet die Aufgabe während des weiteren Prozesses, die Porträts des Partners zu entwickeln, wird damit das Interesse an dessen Tätigkeit erhöht und ist nicht mehr ausschließlich auf das eigene Ergebnis konzentriert. Auf diese Weise entsteht eine größere Kompromißfähigkeit. Durch das gemeinsame Interesse am Ergebnis führt diese Situation oft zu gegenseitiger Hilfe und Motivation.

4.4 Die Wirkung des fertigen Bildes

Bei der *Betrachtung des fertigen Bildes* steigt die Spannungskurve wieder an. Die Beurteilung des Ergebnisses entscheidet nun über freudige Erregung oder Enttäuschung.

Hier ist entscheidend, ob jemand vorher schon die Erfahrung machen konnte, sich in der Selbstdarstellung ein Bild der eigenen Person zu verschaffen oder ob es bis dahin nur vereinzelte Schnappschüsse gibt. Einige mögliche Reaktionsweisen sollen im weiteren aufgeführt werden:

1. Die Person ist freudig überrascht, daß sie viel vorteilhafter aussieht, als sie bis dahin glaubte. Wird dieses Selbstbild als real akzeptiert, kann dies zu einem größeren Selbstvertrauen führen. In weiteren Aufnahmeprozessen wird die Anfangsphase kürzer ausfallen und sich der Mut zu Ausdruck und Kreativität früher und verstärkter einstellen. Wiederholt sich die positive Reaktion auf das Selbstbild, vergrößert sich auch der experimentelle Spielraum, in dem nun ungewöhnliche, groteske und ästhetisch-künstlerische Selbstbilder entstehen können. Durch die positive Erfahrung wird die Neugier auf weitere Darstellungsmöglichkeiten geweckt.

2. Auch in diesem zweiten möglichen Fall ist das Ergebnis positiver als erwartet, wird aber nicht als real betrachtet, sondern lediglich den Manipulationsfähigkeiten des Fotografierenden zugeschrieben. Gerade in diesem Fall ist es wichtig, den Aufnahmeprozeß fortzusetzen und an den Unsicherheiten des Beteiligten anzusetzen. Diese Haltung der

eigenen Person gegenüber kann nur in einem länger währenden Prozeß, der durch persönliche Gespräche begleitet wird, relativiert werden.

3. Eine weitere Reaktionsmöglichkeit ist die widerspruchslose Akzeptanz des Selbstbildes als Teilansicht der eigenen Person. Der Kommentar könnte hier sein: »Ja, so kenne ich mich!« Diese Reaktion setzt voraus, daß die Person bereits mit dem eigenen Selbstbild vertraut ist und über genügend Selbstbewußtsein verfügt, sich in ihren Stärken und Schwächen akzeptieren zu können, darüber hinaus die Wertigkeit der äußeren Erscheinung nicht zu hoch bewertet, sondern allenfalls als zusätzlichen Aspekt der Persönlichkeit betrachtet. Diese Reaktionsweise ist am häufigsten bei älteren Menschen zu beobachten.

4. Möglich ist ferner ein Schock über das Selbstbild, das man so nicht erwartet hat. Entweder war die Einschätzung der eigenen Person bis dahin positiver und gerät mit der Betrachtung des Selbstporträts ins Wanken, oder die Angst vor der Konfrontation mit dem Selbstbild war bis dahin so groß, daß diese Auseinandersetzung weitgehend vermieden wurde.

Möglicherweise war die fotografierte Person zum Zeitpunkt der Aufnahme durch äußere Umstände oder private Probleme stark abgelenkt oder hatte bis dahin nicht die Gelegenheit, sich mit der äußeren Erscheinung ernsthaft auseinanderzusetzen. Daneben ist sicherlich auch zu berücksichtigen, daß die Fähigkeiten des Fotografen oder aber die technischen Gegebenheiten unzureichend gewesen sein können.

Weitere Ursachen für eine auftretende Betroffenheit können sein: Vermeintliche Mängel treten im Licht der Fotolampen deutlicher hervor, die Atmosphäre des »Fotostudios« hat dazu beigetragen, daß das Selbstbild ernster oder auch ausgelassener ist als erwartet, oder andere grundlegende Identifikationsschwierigkeiten mit der eigenen Persönlichkeit, dem Ausdrucksverhalten, eventuell auch der Nationalität werden wachgerufen und bewußt.

Verunsicherung aufgrund der eigenen Nationalität kann beispielsweise bei Menschen entstehen, die in einem anderen Land als ihrem Herkunftsland aufgewachsen sind und keinen Bezug zu der Kultur und den Menschen des Herkunftlandes besitzen. Durch fehlendes Bewußtsein für die eigene Nationalität wird das Selbstbild im Vergleich als andersartig und eventuell als unzulänglich wahrgenommen.

Die Folge solcher Negativerfahrungen kann ein Desinteresse an weiteren Aufnahmeprozessen sein aus Angst vor erneuter Frustration. Gerade in diesem Fall jedoch ist es wichtig, die Motivation weiter zu erhalten, um Chancen einer positiveren Selbsteinschätzung nicht zu verhindern.

Durch entsprechende pädagogische Begleitung können hier Selbsteinschätzungen revidiert werden, indem erneute Chancen zur Selbstdarstellung vermittelt werden. Manchmal sind jedoch solche Reaktionsweisen Anlaß dafür, nicht die Selbstdarstellung und ihre technischen Bedingungen zu ändern, sondern tatsächlich Änderungen an der äußeren Erscheinung vorzunehmen. Dies sollte jedoch nur dann unterstützt werden, wenn es tatsächlich sinnvoll erscheint, was individuell entschieden werden muß.

5. Die eigene Wahrnehmung der Selbstporträts weicht auffällig ab von der Meinung der übrigen TeilnehmerInnen, die diese über die gleichen Bilder äußern. »Die Öffnung für die Wahrnehmungen der anderen ermöglicht aber auch neue Selbsterfahrung. Die eigenen Sichtweisen werden nicht mehr als die einzig möglichen und selbstverständlich richtigen gesehen. Durch den Vergleich mit anderen können nun auch eigene Tendenzen oder Wahrnehmungsverzerrungen erkannt werden. Der Teilnehmer kann sich dem stellen und entscheiden, wie weit er sie beibehalten oder ändern will. Die neue Offenheit und Distanz zu den angesprochenen Problemen kann neue Lösungsmöglichkeiten aufzeigen ...« (Mann u. a. 1995, S. 160).

Der Vergleich von Selbst- und Fremdwahrnehmungen kann auf diese Weise zu einer neuen Selbsteinschätzung führen, die sich nicht nur positiv auf die individuelle Persönlichkeitsstruktur auswirkt, sondern gleichfalls positiv auf die Beziehung zu den Gruppenmitgliedern Einfluß nimmt. Grundlage für eine solch offene Auseinandersetzung innerhalb der Gruppe ist sicherlich eine vertrauensvolle Atmosphäre, in der individuelle Eigenheiten vorbehaltlos akzeptiert werden können.

An dieser Stelle können Vergleiche gezogen werden mit den Methoden der »kreativen Rezeption«, wie sie Mann, Schröter und Wangerin (1995) im Zusammenhang mit einer Selbsterfahrung durch die rezeptive Auseinandersetzung mit Kunst beschreiben. Auch wenn es hier um die Betrachtung »fremder« Bilder geht, so führt diese Methode ebenfalls zu einer Auseinandersetzung mit der eigenen Person. Zentral ist in diesem Zusammenhang, daß es hier gilt, möglichst unterschiedliche Aspekte wahrzunehmen und sie nebeneinander in ihrer Gültigkeit zu akzeptieren.

Zusammenfassung

Der fotografische Prozeß erzeugt durch die den verschiedenen Phasen eigenen Spannungszustände unterschiedliche emotionale Reaktionen der Beteiligten.

Die Spannungskurve des Aufnahmeprozesses beinhaltet drei Phasen: die Anfangsphase, die durch Unsicherheit und Angst vor der Kamera geprägt ist, die Hauptphase, in der die anfängliche Unsicherheit einem hingebungsvollen oder ausgelassenen Verhalten weicht, und die Entspannung am Schluß des Aufnahmeprozesses. Innerhalb dieses Ablaufs wiederholt sich die spezifische Spannungskurve bei der Aufnahme jedes einzelnen Bildes, die für sich wiederum vier Phasen umfaßt: die Phase, in der die Idee des Bildes entsteht, die der Vorbereitung für die Aufnahme, der Moment der Aufnahme, in der die Spannungskurve am höchsten ist, und die der Entspannung nach einer Aufnahme.

Die weiteren Phasen des technischen Entwicklungsprozesses und der Betrachtung des fertigen Bildes besitzen ihre eigenen Spannungsbögen und können ebenfalls emotionale Reaktionen wie Stolz oder Akzeptanz, Ungeduld oder Frustration in Bezug zu dem erzielten Ergebnis erzeugen. Die individuellen Reaktionsweisen bieten sich als Ansatzpunkte für die weitere fotopädagogische Arbeit an.

5. Fotopädagogik

In der Fotopädagogik fotografieren sich die Beteiligten gegenseitig, sich selbst oder ihren Lebensraum. Experimente mit fotografischem Material in Form von Fotogrammen oder Fotomalerei sind ebenfalls Bestandteil der Fotopädagogik. Darüber hinaus erlernen die TeilnehmerInnen den gesamten technischen Vorgang. Sie fotografieren und entwickeln den Film und die Fotos selbst. Die Förderung der Kreativität und die Anregung zur Selbstreflexion sind dabei zentrale Lernziele.

Das Medium der Fotografie ist nicht abhängig von Vorerfahrungen oder Talent. Jeder kann lernen, mit einer einfach zu bedienenden Kamera umzugehen.

Um unsachgemäßer Anwendung der Fotopädagogik vorzubeugen, sei erwähnt, daß Fotopädagogik sowohl von Methoden der Psychotherapie als auch von der Praxis der rein schuldidaktischen Arbeit mit Fotografie abzugrenzen ist. Es geht dabei weder um die Aufarbeitung traumatischer Kindheitserlebnisse oder Heilung psychischer Krankheitszustände noch um das rein technische Erlernen der Fotografie, so wie es in Volkshochschulkursen oder entsprechenden Veranstaltungen in Schulen angeboten wird.

In der Praxis wird zwischen Pädagogik und Therapie durch die »Therapeutisierung der Pädagogik« nicht immer sorgfältig getrennt (vgl. Schön 1993). Diese unklaren Grenzen verführen dazu, auch in der Fotopädagogik diese Grenzen zu überschreiten und damit eventuell den Beteiligten eher zu schaden als zu positiven Veränderungen beizutragen. Die zeitlichen und situationsbedingten Unterschiede sowie die unterschiedlichen

Beziehungsebenen in Pädagogik und Therapie sollten dabei jedoch bedacht werden.

Trotzdem gibt es Gemeinsamkeiten von Fotopädagogik und Fototherapie. Das Foto wirkt aktivierend auf den Prozeß der Selbstreflexion und der Selbstbildkorrektur und fördert so u.a. eine Stärkung des Selbstwertgefühls. Die aufgeführten Fototechniken können in beiden Bereichen unter Berücksichtigung der grundlegenden Unterschiede angewendet werden. In der Praxis haben sich jedoch Schwerpunkte für die Verwendung spezieller Techniken in der Fotopädagogik und der Fototherapie herausgebildet.

5.1 Zielsetzungen in der Fotopädagogik

– *Erlernen der Technik:* Die fotografische Technik dient als Medium, mit dem sich notwendige Sozialtechniken quasi nebenbei einüben lassen. Die erforderliche Disziplin, die der technische Vorgang beansprucht, verlangt von den einzelnen TeilnehmerInnen einen hohen Grad an Selbstdisziplin und Geduld, die auf diese Weise spielerisch eingeübt werden können. Alle auf diese Weise erlernten individuellen Fähigkeiten wirken sich nicht nur positiv auf die einzelne Persönlichkeitsstruktur aus, sondern beeinflussen gleichzeitig das individuelle Sozialverhalten in der Gruppe und damit die gesamte Gruppenstruktur.

– *Förderung des visuellen Lernprozesses:* Aufgrund der spärlichen Lichtverhältnisse im Labor ist besondere Konzentration notwendig, um zu erkennen, ob eine Vergrößerung scharf eingestellt ist oder ob ein Foto genügend lange entwickelt wurde. Die Augen sind praktisch die ganze Zeit über gefordert und auf *ein Ziel* gerichtet. Die längere Konzentration auf einen Punkt führt dazu, daß die »innere Mitte« wieder stärker wahrgenommen wird und sich somit eine größere Ausgeglichenheit einstellt.

In der sozialpädagogischen Praxis trifft man häufig auf KlientInnen, die aufgrund ihrer besonderen Problemgeschichte unter Konzentrationsschwierigkeiten leiden. Sie können sich weder auf ihre eigene Problematik noch auf Probleme anderer konzentrieren, da ihnen hierfür die nötige Ruhe fehlt. Besonders bei Menschen mit sexuellen Mißbrauchserfahrungen zeigen sich »Zerfahrenheit« und Unkonzentriertheit in erhöhtem Maße.

Die Förderung des visuellen Lernprozesses sowie die Disziplin, die für die fotografische Technik notwendig sind, haben eine *Steigerung der Konzentrationsfähigkeit* zur Folge.

– *Förderung des taktilen Lernprozesses:* Aufnahme- und Laborprozesse fördern die technisch-manuellen Fähigkeiten, insbesondere die Feinmotorik. Die Bedienung der Kamera, das Einstellen der Blende und Schärfe beim Fotografieren setzt außerdem die Fähigkeit voraus, sehr sensible Unterschiede in der feinmotorischen Bewegung wahrzunehmen und einzusetzen. Dies trifft ebenso auf das Einlegen des Films in die Kamera zu, besonders aber auf das Aufspulen des Negativfilms auf die Entwicklerspule in völliger Dunkelheit. Der visuelle Prozeß wird dabei zugunsten des taktilen Erlebens völlig ausgeschaltet. Eine Förderung des Tastsinns hat gleichzeitig eine *Verbesserung der Wahrnehmung des eigenen Körpers* zur Folge.

Wird dieser Arbeitsschritt spannend und witzig gestaltet, kann er in diesem Zusammenhang dazu dienen, Assoziationen von Dunkelheit bzw. Nacht, verbunden mit Gewalterfahrung, durch positive und lustvolle Assoziationen des spielerischen Erfahrungsprozesses zu ersetzen.

Eine Verbesserung der Konzentrationsfähigkeit sowie eine Steigerung des Körperbewußtseins tragen mit dazu bei, sich sicherer in einer Gruppe zu bewegen und sich dort stärker durchsetzen zu können.

– *Stärkung des Verantwortungsbewußtseins:* Es ist wichtig, daß die TeilnehmerInnen alles selber anfertigen und ihnen keine Handlungsschritte abgenommen werden. Eigeninitiative wird so angeregt und gefördert. Das selbständige Arbeiten verhilft den Beteiligten dazu, in einem Bereich, der ihnen Spaß macht, Verantwortung zu tragen und stolz darauf zu sein. Dies unterstützt gleichzeitig ein positives Sozialverhalten innerhalb der Gruppe.

– *Befähigung zur Medienkritik:* Die eigene Fotoproduktion sollte dazu beitragen, Fotos in Zeitschriften und Werbung bewußter wahrzunehmen und auf diese Weise weniger manipulierbar zu werden. So wird »am eigenen Leib« erfahren, wie groß der Unterschied zwischen wirklichem Aussehen und fotografischer Darstellung sein kann.

– *Befähigung zur Konsumkritik:* Wie auch in vielen anderen Medienbereichen ist konsumorientiertes Handeln im Umgang mit Fotografie alltäglich: Man gibt die Filme im Fotogeschäft ab und erhält die fertigen Abzüge in kurzer Zeit zurück. Diesem Konsumverhalten sollte ein maßvoller und sorgfältiger Umgang mit dem Fotomaterial entgegengesetzt werden.

– *Förderung der Handlungsfähigkeit:* Die Befähigung, mit der Technik umgehen zu können, soll den TeilnehmerInnen größeres Vertrauen in ihre Handlungsfähigkeit verschaffen. Mit steigendem *Selbstvertrauen* können sie lernen, Grenzen zu setzen und Frustrationen eher auszuhalten.

– *Förderung der Selbstidentifikation:* Im »stummen Dialog« mit dem Selbstbild wird eine Auseinandersetzung mit der eigenen Biographie, der eigenen Präsentation sowie der psychischen Verfassung ermöglicht, die zu einer erhöhten Akzeptanz der eigenen Person führen sollte.
Hierzu zählt ebenfalls die Auseinandersetzung mit geschlechtlichen Rollenzuschreibungen. Durch die Förderung eines kritischen Bewußtseins sollen die TeilnehmerInnen auch in dieser Hinsicht Distanz zum eigenen Rollenverhalten gewinnen. Im Vergleich der Medienbilder mit eigenen Fotos können solche Bewußtwerdungsprozesse in Gang gesetzt werden.

– *Förderung eines positiven Konflikt- und Sozialverhaltens:* Durch die Stärkung der eigenen Sicherheit sollen auffällige Konflikt- und Kompensationsmuster im Sozialverhalten reduziert werden. Das Verhalten der einzelnen wird problemloser. Die Sicht auf die Probleme der anderen wird nicht

Tabellarische Zusammenfassung der fotopädagogischen Ziele:

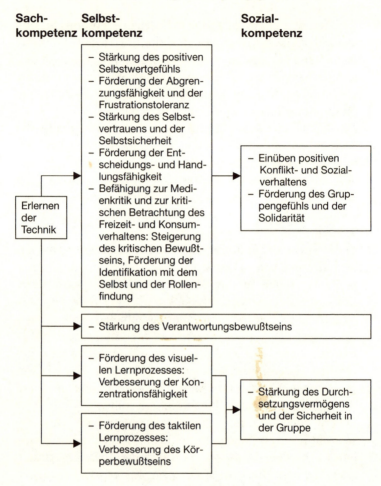

Sach- **Selbst-** **Sozial-**
kompetenz **kompetenz** **kompetenz**

- Stärkung des positiven Selbstwertgefühls
- Förderung der Abgrenzungsfähigkeit und der Frustrationstoleranz
- Stärkung des Selbstvertrauens und der Selbstsicherheit
- Förderung der Entscheidungs- und Handlungsfähigkeit
- Befähigung zur Medienkritik und zur kritischen Betrachtung des Freizeit- und Konsumverhaltens: Steigerung des kritischen Bewußtseins, Förderung der Identifikation mit dem Selbst und der Rollenfindung

Erlernen der Technik

- Einüben positiven Konflikt- und Sozialverhaltens
- Förderung des Gruppengefühls und der Solidarität

- Stärkung des Verantwortungsbewußtseins

- Förderung des visuellen Lernprozesses: Verbesserung der Konzentrationsfähigkeit

- Förderung des taktilen Lernprozesses: Verbesserung des Körperbewußtseins

- Stärkung des Durchsetzungsvermögens und der Sicherheit in der Gruppe

mehr durch die eigene Problematik verstellt. Durch die *Verbesserung der Selbst- und Fremdwahrnehmung* wird das gesamte *Gruppengefühl* gestärkt. Es wird Raum geschaffen, in dem *Solidarität* wachsen kann.
- *Förderung der sinnlich-ästhetischen Wahrnehmung:* Mit der kreativen Umsetzung der eigenen Ideen werden Wahrneh-

mungsmöglichkeiten erprobt, die aktive Gestaltbarkeit des eigenen Selbstbildes bewußt, werden Experimentierfreudigkeit und Genußfähigkeit geweckt. Eine damit einhergehende Steigerung der Sinnlichkeit fördert die Intensität der Wahrnehmung und vergrößert gleichzeitig die Toleranz für Wahrnehmungsmöglichkeiten anderer Menschen (vgl. Schuhmacher-Chilla 1995).

Feinziele des technischen Lernprozessses:

Motorische Fähigkeiten:	– Feinmotorik verbessern
Bedienung der Kamera:	– Einlegen des Films – Einstellung der Schärfe – Einstellung der Blende und der Belichtungszeit
Laborarbeit:	
Entwicklung des Negativfilms:	– Aufspulen des Films – Chemikalien einfüllen – Kipprhytmus mit Entwicklerdose einhalten – Entwicklungszeiten beachten – Film trocknen, schneiden und eintüten
Herstellung der Kontakte und Vergrößerungen:	– »Einfädeln« des Negativfilms in Vergrößerer – Einstellen der Schärfe und Belichtungszeit – Erlernen des Entwicklungsvorgangs – Sorgfältiger Umgang mit Materialien und Chemikalien
Bildgestaltung:	– Bewußtes Umgehen mit Licht und Schatten – Bildaussage gestalten – Wahl des Ausschnittes – Wahl des Hintergrundes – Wahl der Requisiten – Entfernung zum Objektiv bestimmen, Standpunkt festlegen

5.2 Die pädagogischen Ebenen

Die fotopädagogische Praxis ist in fünf pädagogische Ebenen zu unterteilen:

1. In der pädagogischen Arbeit mit einzelnen Teilnehmer-Innen sowie in der Gruppenarbeit bildet die *Beziehung zwischen PädagogIn und TeilnehmerIn* die grundlegende pädagogische Ebene. Der Fotopädagoge bzw. die Fotopädagogin hat die Aufgabe, den Prozeß des Fotografierens bis hin zur Betrachtung des fertigen Bildes zu begleiten und unterstützend zu wirken. Dabei vermittelt er bzw. sie Motivation und Ermutigung, eventuell Beruhigung, technische Anleitung und Hilfe.
Dabei sollten PädagogInnen beachten, daß ihre Arbeit auf der inhaltlichen, der emotionalen und der methodischen Ebene basiert. Alle drei Ebenen müssen berücksichtigt werden (vgl. auch Mann u.a. 1995).

2. Die zweite pädagogische Ebene wird durch die *Beziehung zwischen PädagogIn und Gruppe* geprägt. Dabei kommen die allgemeinen grundlegenden Regeln der Gruppenpädagogik zum Tragen:
   - an den aktuellen Fähigkeiten der Gruppe ansetzen,
   - den aktuellen Stand verdeutlichen,
   - mit den Stärken arbeiten,
   - auf einzelne persönlich eingehen,
   - Zusammenarbeit statt Einzelarbeit,
   - der Gruppe Raum für Entscheidungen geben.
   - Wenn die Gruppe im Umgang mit der Technik sicher genug ist, sollte sich die pädagogische Begleitung zurückziehen, sich aber für Nachfragen und Hilfestellungen bereithalten.

3. Auf einer dritten Ebene begegnen sich die *TeilnehmerInnen untereinander*. Indem sie sowohl in den Zweiergruppen als auch in der Gesamtgruppe aufeinander angewiesen sind (s. hierzu Abschnitt 5.3.5), besteht hier für die Beteiligten selbst ein Interesse, sich mit den Gruppenmitgliedern aus-

zutauschen. In der Interaktion wächst so die soziale Kompetenz.

4. Die Beziehung zwischen den *Gruppenmitgliedern und der Technik* bildet die vierte pädagogische Ebene. Durch den festgelegten Ablauf der Technik hat das Fotografieren seinen eigenen pädagogischen Rahmen. Die Technik zwingt zur Disziplin und zu ihrer Beherrschung, ohne die der gesamte Vorgang sinnlos wird. Die Funktionen und der Aufbau der Kamera sind festgelegt und schreiben eine bestimmte Reihenfolge in der Handhabung vor. Weiter hat der Entwicklungsprozeß, bei dem Reihenfolge und Zeit sowie Sorgfalt im Umgang mit dem Material unabdingbar sind, seine eigene Dynamik und Notwendigkeit.

Die *Pädagogik der Technik* zeigt sich in der Eigendynamik, die der fotografische Prozeß erzeugt. Der Prozeßverlauf wird durch die Neugierde auf das Produkt des nächsten Arbeitsschrittes geprägt. Das eigene Interesse ersetzt somit die Motivation von außen durch PädagogInnen.

5. Die fünfte Ebene ist die *Pädagogik des Bildes*. Damit ist die Wirkung gemeint, die von dem fertigen Bild auf den Betrachter ausgeht, wie sie bereits im letzten Kapitel beschrieben wurde. Als visuelle Realitätskontrolle hat das Foto eine reflexive Bedeutung: Ein »Selbstgespräch« wird in Gang gesetzt. Durch eine kontinuierliche Beschäftigung mit dem eigenen Abbild verändert sich die Selbsteinschätzung. Darüber hinaus kann das Selbstbild neu entworfen und vor der Kamera erprobt werden.

5.3 Fotopädagogische Techniken

Im folgenden ist eine Auswahl der wichtigsten Techniken angeführt, mit denen innerhalb der Fotopädagogik gearbeitet werden kann. Darüber hinaus können natürlich auch andere Techniken wie die der Fotocollage, des Fotocomics oder des Luminogramms (s. Strötzel 1991) angewendet werden, auf die jedoch hier nicht näher eingegangen werden soll. Die Möglichkeit der textlichen Erweiterung ist ebenfalls gegeben. Dabei werden zu einzelnen Fotos Überschriften entworfen, Fototagebücher durch schriftliche Tagebücher ergänzt oder Fotogeschichten durch Texterklärungen bereichert.

5.3.1 Fotomalerei

Bei dieser Technik wird die Wirkung des Lichts im Zusammenhang mit der speziellen Oberfläche sehr anschaulich. Sie ist deshalb gut als Einführung in die Fotografie geeignet, um die TeilnehmerInnen mit dem Fotomaterial vertraut zu machen.

Fotomalerei wird bei normalem Tages- oder Kunstlicht ausgeführt. Es wird hierfür keine Dunkelkammer benötigt. Grundlage dieser Technik ist das Bemalen der Oberfläche des Fotopapiers mit einem Pinsel und Entwicklerflüssigkeit. An-

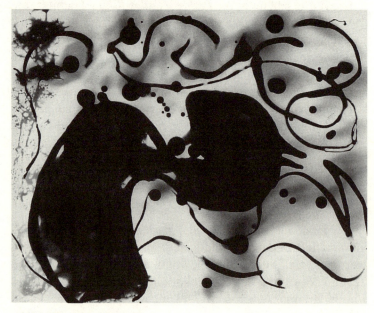

Abb. 6: Fotomalerei

statt des Pinsels können Stoffreste oder Schwämme zum Auftragen verwendet werden. Ein besonders interessanter Effekt ergibt sich, wenn zum Auftragen buntes Kreppapier benutzt wird, da dieses Papier in Verbindung mit Entwicklerflüssigkeit abfärbt. Die Farbe bleibt beim weiteren Prozeß größtenteils am Papier haften. Interessante Muster ergeben sich ferner durch strukturierte Materialien wie spitzenbesetzter Stoff oder Gegenstände wie z.B. kleine Stücke Drahtgeflecht.

Die lichtempfindliche Oberflächenbeschichtung färbt sich an den mit Entwicklerflüssigkeit benetzten Stellen unter Einfluß des Lichts langsam schwarz. Durch die sofort sichtbare Färbung läßt sich der Schwärzungsgrad gut kontrollieren.

Soll eine weitere Veränderung der Oberfläche verhindert werden, wird das Fotopapier erst kurz in das Stoppbad, dann mehrere Minuten in das Fixierbad und zum Schluß in das Wasserbad getaucht (s. Kapitel 11). Dieser Vorgang führt in einfacher Form auf die allgemeine Entwicklungstechnik hin. Es lassen sich erste Hemmungen im Umgang mit den verschiedenen Chemikalien abbauen, so daß Erfolgserlebnisse am Anfang eines Kurses die Motivation für den weiteren Verlauf verstärken können.

5.3.2 Fotogramme

Fotogramme sind Bilder von Gegenständen, die auf das unter dem Vergrößerungsobjektiv liegende Fotopapier gelegt werden. Nach kurzer Belichtung hinterlassen die Gegenstände je nach Lichtdurchlässigkeit eine weiße Abbildung, in deren Kontrast die schwarze Hintergrundfläche steht. Für die Anfertigung von Fotogrammen ist ebenfalls kein Fotoapparat, jedoch eine Dunkelkammer notwendig.

Das Verfahren findet in der Dunkelkammer bei Laborlicht (Rotlicht) statt. Nachdem der Rotfilter vor das Objektiv geschoben wurde, kann das Fotopapier auf der Belichtungsfläche plaziert werden. Nun können Gegenstände auf das Papier gelegt und die erste Testbelichtung vorgenommen werden.

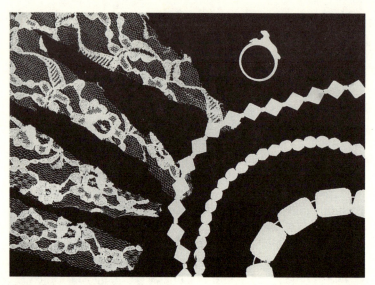

Abb. 7: Fotogramm

Meist beträgt die Belichtungszeit nur wenige Sekunden. Die Zeit wird auf der Belichtungsuhr eingestellt, das Dauerlicht des Vergrößerers abgeschaltet, der Rotfilter zur Seite geschoben und die Belichtungsuhr eingeschaltet.

Das belichtete Papier wird nun nach dem in Kapitel 11 erklärten Ablauf entwickelt, fixiert und getrocknet.

Den Beginn einer solchen Kurseinheit kann eine Aufforderung an die TeilnehmerInnen einleiten, Gegenstände mitzubringen, die eine besondere persönliche Bedeutung besitzen. Es kann aber auch mit einem gemeinsamen Spaziergang begonnen werden, auf dem Blätter, kleine Äste, Gräser oder andere Dinge gesammelt werden, die filigrane Strukturen aufweisen und phantasievolle Formen haben. So wird die Neugier und Spannung auf die Dunkelkammerarbeit langsam aufgebaut und dafür gesorgt, daß genügend Material für ein kreatives Schaffen vorhanden ist.

Mit erfahrenen Zielgruppen kann man in der Folge auch ein Fotomemory oder Fotopuzzle herstellen. Beide Techniken sind vor allem für Kinder geeignet, da sie den gewohnten

Abb. 8: Fotomemory

Spieltechniken entsprechen und nach Fertigstellung von den Kindern selbst benutzt werden können. Die Gestaltung des eigenen Spielmaterials fördert die Kreativität und wirkt Konsumverhalten entgegen. Das Spiel mit solchen selbsthergestellten Materialien macht den Kindern erfahrungsgemäß besonders viel Spaß, bereitet jedoch auch Erwachsenen Freude. Hier kann ein zusätzlicher Anreiz durch kompliziertere Bildgestaltung gegeben werden. Beide Spiele können mit Selbstporträts der Gruppenmitglieder oder allen anderen Fotos, die in einem solchen Kurs entstehen, angefertigt werden.

Typisch für das Fotomemory ist die Gestaltung von jeweils zwei gleichen Motiven, so daß jeweils ein Paar eines Motivs vorhanden ist. Die fertigen Bilder können in der Folge auf Pappe aufgeklebt und in gleich große Karten geschnitten werden (Abb. 8).

Abb. 9: Fotopuzzle

Das Foto für ein Puzzle kann auch von einer ganzen Gruppe gemeinsam gestaltet werden. Hier sollte möglichst ein größeres Format gewählt werden. Das Ausstanzen der einzelnen Teile kann entweder von Hand oder in Fotogeschäften erfolgen, die dafür spezielle Maschinen besitzen (Abb. 9).

5.3.3 Fotodokumentation

Die Fotodokumentation besteht in der Regel aus einer Serie von Fotos, die reale Begebenheiten oder Verhältnisse beschreiben. Diese Fotos können später in einen Zusammenhang gebracht werden, indem sie beispielsweise auf Karton aufgeklebt werden. Die ausgewählten Bilder können zusätzlich durch Text in ihrer Aussage erweitert werden (Abb. 10).

Diese Technik beinhaltet vielfältige Interpretationsmöglichkeiten, die sehr viel über die Sichtweise und Befindlichkeit des Fotografierenden aussagen, und kann somit auch im therapeutischen Bereich angewendet werden.

Fotodokumentationen sind meist themenorientiert. Hier wird der Hauptaspekt auf die Wahrnehmung der Umwelt gelegt. Themen sind z.B. »Mein Stadtviertel«, »Wasser«, »Meine Straße«, »Gesichter einer Stadt«, »Circus«, »Auf dem Markt« oder abstraktere Themenstellungen wie »Ausgestoßen«, »Glück«, »Allein« u.ä. Darüber hinaus können Veran-

Ich bin gerne am Wasser

ich sitze gerne einfach am Strand

oder

werfe Steine ins Wasser

Brunnen mag ich auch

Manchmal sitze ich im Baum, der am Wasser steht.

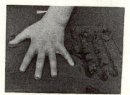

Ich hinterlasse meine Spuren im Sand

Abb. 10: Fotodokumentation

staltungen und Ereignisse aller Art dokumentiert werden. In diesem Zusammenhang gewinnen »Schnappschüsse« an Bedeutung.

Gleichzeitig ist diese Arbeitsform für fast jede Art von Zielgruppe durchführbar.

Die fotopädagogische Arbeit in dieser Form ist im Heimbereich sowohl für eine »Integration nach innen« als auch eine »Integration nach außen« von Bedeutung. So kann eine Fotodokumentation von Neuankömmlingen in einer Institution dazu genutzt werden, sich mit der neuen Umgebung vertraut zu machen. Weiter kann dieses Verfahren nach längeren Klinikaufenthalten ein Weg sein, sich langsam wieder in die Außenwelt herauszuwagen, um vorsichtig ins Alltagsleben integriert zu werden. Die Kamera kann hier als eine Art Schutzwall wahrgenommen werden, die sich quasi vor die Realität schiebt und so gleichzeitig Sicherheit bietet und Annäherung zuläßt.

Darüber hinaus ist diese Technik für die Personen interessant, die Schwierigkeiten haben, ihre Probleme sprachlich auszudrücken. Die Möglichkeit der Bildsprache kann somit ein wichtiges Ausdrucksmittel und ein Medium zur zwischenmenschlichen Kommunikation sein.

Kinder dokumentieren hierbei sehr spontan aus ihrer individuellen Perspektive heraus, was ihnen wichtig ist. Ihre Bilder haben weniger bewußt symbolischen Charakter, wie es eher bei Erwachsenen der Fall ist. Sie erzählen ganze Geschichten, da ihre Perspektive meist die Totale (s. Kapitel 11, Abschnitt 3.3) ist. Dabei spielen technische Perfektion sowie ästhetische Gestaltung des Bildes keine Rolle.

Da Jugendliche sich in einer Orientierungsphase befinden, begeistern sie sich für diese thematische Arbeit besonders.

Die Fotodokumentation ist ferner die Basis eines Fototagebuches. Ein solches Tagebuch beinhaltet den kontinuierlichen Ablauf des eigenen Lebens über einen längeren Zeitraum hinweg. Diese Arbeitsweise ist besonders in Heimen und Institutionen aller Art interessant, in denen Personen sich dauerhaft aufhalten. Durch die institutionelle Abschirmung vom gewohnten gesellschaftlichen Alltagsleben verlieren die Bewohner häufig die Orientierung und sind mit Identifikationsschwierigkeiten konfrontiert. Besonders in Seniorenheimen entstehen dadurch Verwirrung und Resignation.

In diesem Fall wird durch die bewußtere Auseinandersetzung und die bildliche Darstellung ein stärkerer Bezug zu dem aktuellen Umfeld hergestellt. Die Wahrnehmungsfähigkeiten werden geschult und Orientierungsmöglichkeiten angeboten. Aber auch außerhalb des Heimlebens kann ein Fototagebuch dazu verhelfen, Zusammenhänge des eigenen Lebens reflektieren zu können.

5.3.4 Fotogeschichte

Phantasiegeschichten können mit Hilfe von Fotomalereien, Fotogrammen oder fotografierten Bildern entwickelt werden. Eine Sequenz von drei bis acht Bildern reicht aus, um eine abgeschlossene Geschichte zu erzählen (Abb. 11, s. S. 74).

In der inszenierten Fotogeschichte visualisieren sich die Wünsche, Ängste und Selbsteinschätzungen einer Person sehr deutlich. Die Geschichten lassen Rückschlüsse auf die subjektive Wahrnehmung der Person zu und können so als Grundlage von Veränderungen dienen, die ebenfalls wieder in Geschichten dargestellt werden können.

5.3.5 Porträtfotografie

Das Selbstkonzept eines Menschen beinhaltet das reale sowie das ideale, das private und das öffentliche Konzept. Hinter dem privaten realen Selbstkonzept stehen die Fragen: »Wer bin ich?«, »Wie sehe ich mich?« Im Rahmen des öffentlichen realen Selbstkonzeptes wird danach gefragt: »Wer bin ich für andere?«, »Wie sehen mich andere?«

Das private ideale Selbstbild basiert auf den Fragen: »Wer möchte ich sein?«, »Wie will ich mich sehen?«, während das

Abb. 11 a–c:
Inszenierte
Fotogeschichte

öffentliche ideale Selbstkonzept danach fragt: »Wer soll ich für andere sein?«, »Wie wollen mich andere sehen?« (vgl. Naudascher 1983, S. 87).

Darüber hinaus können vergangene und gegenwärtige Selbstkonzepte visualisiert und miteinander verglichen werden.

Auf diesen Grundlagen bildet das Thema der »Selbstdarstellung« die Möglichkeit, die verschiedenen Sichtweisen auszuprobieren, sie zu visualisieren und sich mit ihnen auseinanderzusetzen. Da die TeilnehmerInnen sich selbst als Mittelpunkt wahrnehmen dürfen, wird ihre Aufmerksamkeit für die aktuelle Situation geschärft. Spielerisch können sie hier die Vorstellungen des Selbstkonzeptes, Wünsche und Ängste ausdrücken. Die thematischen Fragestellungen können sich an den obengenannten orientieren, individuell variiert werden oder sich an den beteiligten Partner richten: »Wer möchte ich nicht sein?«, »Wie lebe ich in der Institution?«, »Wie sehe ich meinen Partner?«, »Welche Besonderheiten entdecke ich an meinem Partner?« u. v. m.

Die Herstellung eines fotografischen Selbstbildes ist als der Kernpunkt der Fotopädagogik anzusehen. Dieser Vorgang kann in Gruppen- und Einzelarbeit stattfinden. Die Arbeit mit einzelnen ist in der Fotopädagogik jedoch nur dann sinnvoll, wenn sie als vorläufiger Übergang zur Gruppenarbeit angesehen wird. Dies kann notwendig werden bei Personen, die durch aggressives, hyperaktives oder auch besonders ängstliches Verhalten von der Gruppensituation überfordert sind. Diese Gruppenmitglieder können hier erst mal einen Freiraum und erhöhte Aufmerksamkeit erfahren, bevor sie sich dann in einer Gruppe zurechtfinden können.

In der Praxis hat es sich bewährt, mit einer Gruppe von mindestens vier bis sechs Personen zu arbeiten, die sich während des Arbeitens in Untergruppen zu zweit aufteilen, während des Gesamtprozesses jedoch immer wieder aufeinandertreffen und sich über ihre Erfahrungen und Ergebnisse austauschen.

Porträtfotografie beinhaltet sowohl Nahaufnahmen des

Gesichts als auch Ganzkörperaufnahmen. Meist fotografieren sich Personen, die untereinander fremd sind, aus größerer Distanz, so daß die gesamte Person abgebildet ist. Der Vorteil ist hier, daß das Zusammenspiel von Gestik, Mimik und Körperhaltung zu sehen ist. Großaufnahmen des Gesichts erfordern bereits größere Vertrautheit unter den TeilnehmerInnen, da diese Perspektive intimer ist und Gefühle sehr deutlich werden läßt. Auf diese Entfernung lassen sich Gefühle nicht mehr so einfach durch starke Gestik oder eine bestimmte Pose verbergen. Dieser Umstand ist gleichzeitig auch der Vorteil von Nahaufnahmen: Ängste können reflektiert und überwunden und realistische Selbsteinschätzungen gewonnen werden.

Zur Gestaltung der Porträts kann ein »Fotostudio« eingerichtet werden, in dem die Konzentration durch die Besonderheiten eines solchen »Präsentationsortes« erleichtert wird. Darüber hinaus können die TeilnehmerInnen die Aufnahmeorte selbst bestimmen. Es ist jedoch zu bedenken, daß die Anwesenheit Außenstehender oder sich in der Umgebung abspielende Ereignisse zu Themenabweichungen und Konzentrationsverlusten führen können. Ein »Fotostudio« bildet einen »intimen« Rahmen, innerhalb dessen ungehemmteres Agieren möglich ist.

Ein wichtiger Aspekt der pädagogischen Porträtfotografie ist die Aufhebung der üblichen Subjekt-Objekt-Ebene während des Fotografierens. Es soll deutlich werden, daß die fotografierende Person das Foto durch den Blickwinkel, den Moment der Aufnahme, den Bildausschnitt oder den Einsatz des Lichtes prägt, während die fotografierte Person das Bild durch Körperhaltung, Gestik, Mimik, eventuell Verkleidung und Schminke aktiv gestaltet. Diese Gegensätze können bewußtgemacht werden unter dem Thema: »Ich lasse meinen Partner bestimmen, wie er mich fotografiert. – Ich sage meinem Partner, wann und wie ich fotografiert werden will.«

Die Körpersprache ist ein wesentliches Ausdruckselement in der Porträtfotografie. Der Eindruck von *Stärke* und *Selbstbewußtsein* entsteht beispielsweise, wenn die porträtierte Person in aufrechter Körperhaltung gezielt den Blick in die

Abb. 12: Körpersprache:
Selbstbewußtsein

Abb. 13:
Körpersprache:
Passivität und
Schwäche

Kamera richtet. Eine gerade Kopfhaltung oder eine vorgestreckte Brust unterstützen diesen Eindruck (Abb. 12).

Der Eindruck von *Passivität und Schwäche* im Porträt entsteht, wenn der Kopf zur Seite geneigt ist und der Blick nicht
in die Kamera, sondern verträumt ins Leere gerichtet ist und
wenn der Körper in einer sitzenden oder liegenden Position

Abb. 14: Körpersprache:
Stärke und Stolz

fotografiert wurde (Abb. 13). Vogelperspektive und Querformat können diesen Eindruck verstärken.

Kleine Gesten wie die des Fingers am Mund sind Ableger der Gestik eines Kindes und lassen einen Menschen ebenfalls schwächer erscheinen. Die Zuschreibung der Sinnlichkeit, die diese Geste erfährt, ist darauf zurückzuführen, daß in unserer Gesellschaft Sinnlichkeit mit Schwäche assoziiert wird.

Aggressivität, aber auch *Stärke und Stolz* vermittelt eine Pose, bei der die Hände in die Hüfte gestützt oder die Arme vor der Brust verschränkt werden. Gesten wie das Herausstrecken der Zunge oder des Mittelfingers zeigen ebenfalls eine aggressive Haltung. Der Eindruck von Stärke und Aggressivität wird durch die Froschperspektive und einen hochformatigen Ausschnitt begünstigt (Abb. 14).

5.4 Hinweise zur praktischen Umsetzung

Die Gestaltung des Kursbeginns ist entscheidend dafür, ob sich die TeilnehmerInnen auch weiterhin für den Kurs interessieren und die nächsten Male erscheinen werden. Eine gute Vorbereitung und konkrete Themenangebote erleichtern sowohl den TeilnehmerInnen als auch dem Pädagogen bzw. der Pädagogin den Einstieg.

Das pädagogische Vorgehen sollte selbstbewußt und auf einem klaren Konzept beruhend erfolgen, während gleichzeitig thematische Flexibilität bestehen sollte. Dieses Vorgehen erfordert von PädagogInnen einiges an Fingerspitzengefühl und Sensibilität für Stimmungen und Wünsche der Gruppe. Ist das Konzept zu eng, besteht die Gefahr, daß die Kreativität der Gruppe zu sehr eingeschränkt wird, die Atmosphäre darunter leidet und das Interesse der TeilnehmerInnen auf Dauer nicht zu erhalten ist. Läßt das Konzept jedoch zu großen Spielraum, so können Orientierungslosigkeit und Konzentrationsschwierigkeiten ebenfalls dazu führen, daß der überspringende Funke ausbleibt und somit beim nächsten Mal auch die TeilnehmerInnen ausbleiben (vgl. auch Mann 1995).

Wichtig ist deshalb, daß die Rahmenbedingungen zu Beginn stimmen. So sollten Fotolampen und Kamerastative bereits aufgebaut sein. Es sollten ein Schminktisch mit Utensilien und eine Kiste mit verschiedenartiger Kleidung und Requisiten bereitstehen. Als Hintergrund können Bettücher aufgehängt werden. Die so gewonnene Atmosphäre kann dazu beitragen, Neugierde und Lust auf kreative Betätigung zu wecken. Beginnt man mit dem Aufbau erst nach der Einführung, läßt die Spannung und somit die Konzentration der Gruppe nach.

Ein gemeinsames Frühstück zur Einführung trägt dazu bei, daß sich die Beteiligten von Beginn an wohl fühlen und sich mit den anderen TeilnehmerInnen sowie mit der neuen Umgebung vertraut machen können.

Um Konkurrenzgefühle unter den TeilnehmerInnen zu vermeiden, ist es bereits bei der Einführung wichtig, die unterschiedlichsten Möglichkeiten des Ausdrucks hervorzuheben und Wertungen im Sinne von Schönheit und Perfektion zu vermeiden. Die Gruppe sollte ihre Ideen optimal umsetzen können, ohne subjektiven Wertungen und Vorstellungen der pädagogischen Begleitung zu unterliegen.

Die Erfahrung zeigt, daß leicht Mißgunst gegenüber jenen entsteht, die mehr Abzüge gemacht haben als andere. Es ist deshalb ratsam, das Fotopapier vor Beginn bereits zu rationieren, um Konsumverhalten zu vermeiden. Für jeden sollte eine Höchstmenge vorgegeben werden.

Für PädagogInnen empfiehlt es sich, eine *Einführungsmappe* zu gestalten. Sie sollte der Reihe nach alle Informationen und Materialien enthalten, die für die grundlegende Einführung notwendig sind. Dabei ist gerade bei einer Gruppe mit starken Konzentrationsschwierigkeiten zu empfehlen, die Informationen möglichst kurz, prägnant und zielgerichtet zu formulieren. Für die Motivation der Teilnehmenden ist außerdem reichlich vorhandenes Anschauungsmaterial von Bedeutung. Dies können eigene Fotos sein, man kann aber ebenso auf geeignetes Bildmaterial aus Büchern zurückgreifen.

Die Einführungsmappe sollte folgende Hinweise für die TeilnehmerInnen beinhalten:

– Fotos werden nur gut, wenn man sich Zeit läßt.
– Arbeitskleidung ist notwendig. Entwickler und Fixierer hinterlassen Flecken, die erst nach dem nächsten Waschen sichtbar werden.
– Die Laborflüssigkeiten sind giftig! Deshalb sollte ausdrücklich darauf hingewiesen werden, daß während der Laborarbeit keine direkte Berührung mit Nahrung erfolgen sollte. Bei kleinen Kindern ist darauf hinzuweisen, daß so lange keine Finger in den Mund genommen werden dürfen, bevor sie sich nicht die Hände gründlich gewaschen haben.
– Im Zusammenhang mit der ästhetischen Gestaltung des Bildes sollten folgende Hinweise gegeben werden:
  – sparsamen Hintergrund bei Selbstdarstellung wählen,
  – Möglichkeiten der Perspektive nutzen,

- Größenverhältnisse und ihre Wirkung beachten,
- Veränderung der Farbwerte in Grauwerte bei Schwarz-weißfotografien bedenken,
- Möglichkeiten des Bildausschnitts berücksichtigen,
- Licht- und Schattenwirkungen beachten.

Darüber hinaus sollten bereits in der Einführung folgende organisatorische Punkte angesprochen werden:
- Klärung der zeitlichen Abfolge,
- Informationen über Verkleidungs- und Schminkmöglichkeiten,
- Aufteilung der Gesamtgruppen in Zweiergruppen,
- Festlegung der gewünschten »Drehorte«,
- Handhabung der Kamera,
- Führung durch das Labor.

Die einzelnen Arbeitsabschnitte sollten möglichst in kleinen Schritten und überschaubar vermittelt werden. Bei dem Umfang der eingesetzten Technik ist dies besonders wichtig.

Um keine hierarchische Struktur in den fotografischen Ablauf zu bringen, ist es erfahrungsgemäß wichtig, daß begleitende PädagogInnen nur in Ausnahmefällen Vorschläge zur inhaltlichen Darstellung anbieten und selbst TeilnehmerInnen fotografieren. Denn Aufgaben des Pädagogen sind vor allem Organisation und Planung, Themenangebote, die Vermittlung der Technik sowie die Begleitung und Hilfestellung während des fotografischen Prozesses.

Am Schluß jeder Kurseinheit sollte eine Reflexionsrunde stattfinden, in der die individuellen Eindrücke, Fragestellungen, Wünsche und Kritik der TeilnehmerInnen Raum finden sollten.

5.5 Tabellarische Darstellung der didaktischen Planung

Organisation und Planung

Absprachen mit der Institution:

- Festlegung des »Fotostudios«
- Standort des Labors
- Kurstermine
- Materialkosten

Vorbereitung in der Institution:

- Ankündigung des Kurses, evtl. Anfertigung eines Plakates
- Einrichtung des Laborraumes
- Zeitplan

Intentionen
- Erlernen der Technik
- Förderung des visuellen und taktilen Lernprozesses
- Befähigung zur Medien- und Konsumkritik
- Förderung der Handlungsfähigkeit und des Selbstvertrauens
- Förderung von Verantwortungsbewußtsein
- Förderung eines positiven Konflikt- und Sozialverhaltens
- Förderung der sinnlich-ästhetischen Wahrnehmung
- Spezielle Ziele für einzelne

Material
- Fotokameras
- Laboreinrichtung
- Anschauungsmaterial
- Kleider und Schminkutensilien

Themen/Inhalte
- Selbstdarstellung
- Porträtfotografie

Methoden/Verfahren
- Gruppenpädagogik mit Untergruppenbildung in Zweiergruppen
- Situationsorientierter Ansatz
- »Learning by doing«
- Fotografischer Prozeß
- Freiraum für individuelle Gestaltung und Darstellungsweisen
- Pädagogische Begleitung und Hilfestellung
- Reflexion mit der Gruppe, »Blitzlicht«

Zusammenfassung

Fotopädagogik ist Erziehung und Bildung mit Hilfe des fotografischen Prozesses. Ziel ist es, in Form sozialer Interaktion und Kommunikation mit Hilfe des Mediums Fotografie die Gruppenmitglieder zur Selbständigkeit, zur Eingliederung in die Gesellschaft und zur Übernahme der jeweiligen Kultur anzuleiten.

Die fotopädagogische Arbeit findet auf fünf pädagogischen Ebenen statt: der Interaktionsebene zwischen PädagogIn und den einzelnen TeilnehmerInnen, der Ebene der Gruppenpädagogik, der Interaktion zwischen den TeilnehmerInnen, der »Pädagogik der Technik« und der »Pädagogik des Bildes«.

Zu den fotopädagogischen Techniken zählen die Porträtfotografie, Fotomalerei, Fotogramme, die Fotodokumentation, Fototagebücher und inszenierte Fotogeschichten.

6. Fotopädagogik mit Kindern

6.1 Besonderheiten der Zielgruppe

In diesem Abschnitt geht es um Kinder im Alter zwischen drei und zwölf Jahren. Pädagogische Arbeit mit fotografischen Bildern ist bereits mit Kindern ab dem dritten Lebensjahr möglich. Mit fünf Jahren können sie oft schon selbständig mit Vergrößerer und Entwicklungsflüssigkeiten umgehen und ohne fremde Hilfe Fotogramme anfertigen.

Kinder sind bereits im vorsprachlichen Alter mit Bildern konfrontiert. Bis zu ihren ersten Sprachversuchen lernen sie, Bilder als solche zu erkennen und sich in Bildern auszudrükken. Mit sechs Jahren sind sie offiziell Zielgruppe der Medienindustrie. Dabei erleben die meisten Kinder bis dahin bereits am heimischen Fernsehgerät die Welt der bewegten Bilder. Die Notwendigkeit einer ästhetischen Erziehung setzt demnach sehr früh ein.

Im Rahmen einer solchen Erziehung wird das Bedürfnis unterstützt, die Ausdrucksmöglichkeit durch Bilder zu erweitern. Die Bildsprache des kleinen Kindes, das sich mit wenigen Strichen in Phantasiewelten hineinversetzt, regt es gleichzeitig dazu an, die eigenen Bilder in Worte zu fassen. Wer Kindern beim Malen zusieht, wird feststellen, daß sie durch einen ständig begleitenden Redefluß bemüht sind, ihre Bilder sprachlich zu vermitteln. Eine ästhetische Erziehung, die Schaffung von Bildwelten fördert, unterstützt demnach ebenso die Sprachentwicklung des Kindes.

Kinder aus benachteiligten Familien haben in diesem Zusammenhang eingeschränktere Möglichkeiten der kulturellen Bildung. Ihre Erziehung ist meist pragmatischer ausgerichtet und zielt darauf ab, Verhaltensweisen dahin gehend zu beeinflussen, daß grundlegende Ausbildungsmöglichkeiten für einfache Berufe als Lebensgrundlage wahrgenommen werden können.

Auch verhaltensauffällige Kinder, die in Heimen aufwachsen, erreichen kulturelle Bildungsangebote nur in eingeschränktem Maße. Hier steht die Bewältigung der Anforderungen im Gruppenalltag meist im Vordergrund. Dabei nehmen diese Kinder Möglichkeiten des individuellen Ausdrucks in der ästhetischen Erziehung erfahrungsgemäß besonders gerne wahr. Hier bietet sich für sie die Chance, ihre Erlebnisse auszudrücken und zu verarbeiten.

Der fotopädagogische Prozeß mit kleinen Kindern unterscheidet sich wesentlich von der Arbeit mit Älteren, da die Form der Kommunikation durch die noch mangelhafte sprachliche Ausdrucksfähigkeit der Kinder geprägt ist. Gleichzeitig reagieren Kinder, vor allem Vorschulkinder, noch wesentlich offener auf Bilder, da sie noch nicht das ausgeprägte Wertesystem eines Erwachsenen besitzen. Durch diese Voraussetzung sind bei Kindern oft schneller Erfolge zu erzielen als bei Erwachsenen, bei denen die gedanklichen Erkenntnisprozesse bereits verschlungenere, kompliziertere Wege zurücklegen müssen.

Kleine Kinder gehen spielerisch an den fotopädagogischen Ablauf heran. Sie sind meistens noch nicht ergebnisorientiert. Der aktuelle Zustand des Bildes ist Objekt ihrer Neugierde bzw. Ziel von Veränderungen, während meist noch keine konkreten Vorstellungen von zukünftigen Bildergebnissen bestehen. Das Wissen über zusammenhängende komplexe Handlungsabläufe, in denen ein Handgriff nur einer von vielen bedeutet, fehlt noch weitgehend. Erst im Laufe des sechsten Lebensjahres entwickelt sich eine Zielsetzung im Spiel. Bis dahin hat das Kind auch noch kaum eine Vorstellung von einem Wert seiner Leistungen.

Der spielerische Umgang mit der Technik im Labor steht

für kleine Kinder deshalb im Vordergrund. So kann es für sie beispielsweise wesentlich aufregender sein, das Abbild des Negativs auf der Platte des Vergrößerers durch Verstellen der Höhe zum Verschwinden zu bringen, um es langsam wieder auftauchen zu sehen, als sich um die Klarheit und Schärfe des Abbilds zu bemühen. Das Aufspulen des Negativfilms kann allein Begeisterung hervorrufen, ohne daß hier das Interesse besteht, sich danach dem weiteren entwicklungstechnischen Ablauf zu widmen. Die Abbildungsgegenstände für Fotogramme werden nicht unter dem funktionstechnischen Aspekt der Produktion eines Bildes gesehen, sondern als Spielzeug an sich.

Gibt man kleinen Kindern die Möglichkeit, ihre Fotogramme, Kontaktabzüge und Vergrößerungen in ein speziell dafür angelegtes Album einzukleben, so wird man auch hier große Unterschiede im Verhältnis zu älteren Kindern feststellen können. Während die Älteren bereits Ordnungsvorstellungen im Sinne des Erwachsenen besitzen, sind die kleineren Kinder noch frei von diesen Normen und kleben ihre Fotos nach ihren spontanen Einfällen in ihr Album.

Wie sehr dieses Sammeln zu weiterer Kreativität anregen kann, bezeugen die kindlichen Malereien, die ebenfalls in diesem Heft Platz haben sollten. Sie nehmen nicht selten mehr Raum ein als die eingeklebten Fotos.

Erfahrungen zeigen, daß der Umgang mit diesen Alben Spiegel des eigenen Selbstbildes sein kann. Kinder, die ein eher positives Selbstbild besitzen und einen Bezug zu eigenen Dingen hergestellt haben, gehen dem Alter entsprechend sorgsam damit um. Kinder mit einem negativen Selbstbild neigen dazu, unbedacht mit ihrem Eigentum umzugehen. In Fällen, in denen Kinder vorwiegend durch negatives Verhalten Aufmerksamkeit erzielen, ist zu beobachten, daß diese Alben wie auch andere eigene Dinge zerstört werden.

Die Auswahl der zu entwickelnden Bilder sollte dem Kind überlassen werden. Hier zeigt sich oftmals, daß Kinder noch kein narzißtisches Bewußtsein gegenüber ihrem Selbstbild besitzen. Häufig wählen Kinder Bilder eines geliebten oder vertrauten Menschen aus, der auf einem der Bilder zu sehen ist. Je älter Kinder sind, desto häufiger jedoch wird der Wunsch geäußert, das Selbstporträt vergrößern zu wollen.

Die dem Kindesalter eigenen Stimmungs- und Konzentrationsschwankungen prägen den Ablauf des fotopädagogischen Prozesses. Kinder in diesem Alter sind meist noch nicht in der Lage, sich über mehrere Stunden hinweg auf eine Tätigkeit zu konzentrieren. Dabei ist individuell zu entscheiden, wie lange die einzelnen Kursabschnitte dauern.

In meiner Arbeit mit Kindern habe ich allerdings die Erfahrung gemacht, daß sich schon Fünfjährige durchaus gerne eine Stunde hintereinander im Labor beschäftigen können und wollen, mit entsprechenden Pausen bis zu drei Stunden.

Mit Kindern bis zum Alter von ca. sieben Jahren empfiehlt es sich, in kleinen Gruppen zu arbeiten. Vier Kinder zu zweit an zwei Fotoapparaten bzw. zwei Vergrößerern genügen hier. Bei älteren Kindern sind durchaus größere Gruppen mit sechs bis acht Kindern möglich. Mit hyperaktiven oder sehr aggressiven Kindern sollte man anfangs alleine arbeiten, um sie im Verlauf des Kurses langsam in die Gruppe zu integrieren. Inwieweit dies nötig ist und wieweit es zweckmäßig ist, gerade solche Kinder in der Gruppe gleichwertig mit einzubeziehen, muß jedoch individuell entschieden werden.

Die Beschränkung der kindlichen Wahrnehmung auf den gegenwärtigen Augenblick bedeutet eine Intensivierung der Erlebnisfähigkeit, wie sie von Erwachsenen oft nur noch schwer nachvollzogen werden kann. Gerade aber diese Fähigkeit des kleinen Kindes kann in unserem Zusammenhang dazu genutzt werden, zum intensiven aktiven Sehen anzuleiten, Konzentrationsfähigkeit zu fördern und Beziehungen herzustellen zwischen den gesehenen Bildern und der eigenen inneren Bilderwelt mit ihrem individuellen Erlebnisreichtum. Deshalb ist es hier besonders wichtig, als PädagogIn viel Geduld und Flexibilität aufzubringen.

Die motorischen Fähigkeiten, die gerade im Alter zwischen drei und sechs Jahren eine besondere Entwicklung erfahren, können erprobt und verbessert werden. Mit dem Anwachsen der Erlebnisfähigkeit werden auch die kreativen Fähigkeiten gefördert, die schöpferische Phantasie angeregt und das Kind zum Experimentieren und damit zu geistiger Flexibilität ermutigt.

Fehlende Erfahrung der Grenzziehung, die unstrukturiertes und orientierungsloses Verhalten zur Folge hat, und gestörte Selbst- und Fremdwahrnehmung können als Ansatzpunkt zur fotopädagogischen Arbeit genutzt werden.

6.2 Beispiel eines fotopädagogischen Prozesses

Im folgenden möchte ich den Ablauf eines Kurses beschreiben, den ich mit vier Kindern im Alter zwischen fünf und zwölf Jahren durchführte. Nina, fünf Jahre alt, und der siebenjährige David bildeten dabei eine Gruppe, die zwölfjährige Kathrin und der gleichaltrige Sven die zweite Gruppe.

Fotomalerei

Um einen ersten Eindruck des fotografischen Prozesses zu vermitteln, begannen wir mit Fotomalerei. Die langsame Schwärzung des Bildes überraschte offensichtlich und war zuerst Mittelpunkt der Aufmerksamkeit. Während die älteren Kinder nun Formen und Bilder zu malen begannen, waren die Kleinen erst zufrieden, als das Bild völlig schwarz war. Ein weißer Fleck war für sie einzig und allein Zeichen eines unvollständigen Bildes. Erst nach und nach begannen sie, abstrakte Strukturen oder einzelne Gegenstände zu malen.

Fotogramme

Beim nächsten Treffen begannen wir mit einem ausgedehnten Spaziergang, in dessen Verlauf Blätter, Federn, kleine Zweige und Gräser gesammelt wurden. Im Spielwarenladen hatte ich kleine Schaumstofftiere und -autos erworben, die sich gut als Schablonen eigneten. Darüber hinaus hatte ich verschiedene Gegenstände wie Flaschenverschlüsse, Wäscheklammern und Schlüssel zusammengetragen. Mit diesem reichhaltigen Material begaben wir uns in die Dunkelkammer, um Fotogramme anzufertigen.

Die Stimmung war äußerst lebendig, die Kinder waren aufgeregt und neugierig. Die Dunkelheit im Labor war spannend und aufregend. Bei kurzzeitigen ängstlichen Stimmungen versicherte sich Nina meiner Anwesenheit und suchte bei mir Schutz. Durch die Neugierde und den Wunsch, nun selbst aktiv werden zu können, verflogen diese Stimmungen jedoch schnell wieder. Nach einer ersten Demonstration des Vorgangs brauchten die Kinder nicht noch aufgefordert zu werden, es selbst zu versuchen. Der Eifer mußte eher etwas gedämpft werden, damit kein Chaos entstand.

Nina entschied sich in ihrer Gestaltung für die Schaumstofftiere. Dabei verbrachte sie längere Zeit damit, ihre Figuren über das Papier hüpfen zu lassen und in Phantasiegeschichten zu schwelgen. Erst die Ungeduld Davids brachte sie dazu, die erste Belichtung zu machen (Abb. 15 a, s. S. 90). David dagegen entwarf abstrakte Abbildungen oder gestaltete seine Bilder mit Gebrauchsgegenständen wie Schlüsseln, Schraubenziehern und Scheren (Abb. 15 b). Ihm war es wichtig, daß er seine Vorstellungen möglichst perfekt umsetzen konnte. Sein Vorgehen war demnach eher altersuntypisch.

Währenddessen waren Sven und Kathrin in die Arbeit vertieft. Fasziniert von der Abbildung ihrer Gegenstände, experimentierten sie zuerst mit den unterschiedlichen Materialien. Dann begannen sich langsam Geschichten zu entwickeln. Erst diese älteren Kinder ließen in der Arbeit mit Fotogrammen Szenen entstehen, in denen ein Zusammenhang sichtbar wurde, eine Geschichte davor und danach. Es zeigte sich die Entwicklung von Perspektive mit einer Standebene und einem Hintergrund (Abb. 16, s. S. 91).

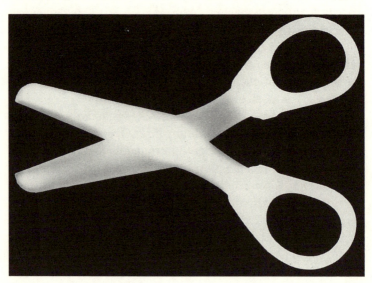

Abb. 15 a u. 15 b: Fotogramme

90

Abb. 16: Fotogramm-Geschichte

Von der Vielfalt der verschiedenen Materialien und ihren reichhaltigen Möglichkeiten der Zusammenstellung angeregt, kamen die Kinder in einen kreativen Prozeß, der sie alles um sich herum vergessen ließ. Da sie zu zweit an einem Vergrößerer arbeiten mußten, warteten sie anfangs ungeduldig darauf, wieder an der Reihe zu sein. Im weiteren Verlauf gewöhnten sie sich an ein abwechselndes Arbeiten, berieten sich gegenseitig oder halfen dem jeweils anderen beim Entwicklungsvorgang. Die Faszination war so groß, daß sie sich zwei Stunden später nur unter dem Versprechen, bald wieder ins Fotolabor gehen zu können, dazu bewegen ließen, aufzuhören.

Aufgrund des regen Interesses wiederholte ich diese Technik auch in der dritten Kurseinheit. Darüber hinaus bastelte ich mit den Kindern zusammen für jedes ein Fotoalbum, in das die fertigen Bilder eingeklebt werden konnten.

Fotografieren

Beim nächsten Termin sollte fotografiert werden. Um den Kindern, insbesondere den Kleineren, die bis dahin noch nie fotografiert hatten, das ausschnitthafte Sehen zu demonstrieren, hatte ich zwei Papierrahmen ausgeschnitten: einen größeren Rahmen, den sich ein Kind so vor das Gesicht halten konnte, daß für die anderen Kinder der Ausschnitt einer Porträtaufnahme erkennbar wurde. Der zweite, kleinere Rahmen symbolisierte den Ausschnitt, der durch den Sucher zu sehen ist. Anhand dieses Rahmens wurde erst einmal geübt, sich ausschließlich auf diesen Ausschnitt zu konzentrieren und die weitere Umgebung außer acht zu lassen. Damit wurde für die Kinder deutlich, daß nur dieser Ausschnitt später auf dem Foto zu sehen war. Für Nina schien es noch besonders schwer, nur mit einem Auge durch die Öffnung zu sehen und die Umgebung nicht zu beachten.

Ich hatte eine Kiste mit unterschiedlichen Kleidern, Tüchern und Requisiten bereitgestellt. Von diesen Materialien machten die Kinder dann auch regen Gebrauch.

Auffallend war, daß für Nina auch hier der Vorgang an sich und weniger das Ergebnis wichtig war: Nachdem sie sich verkleidet und geschminkt hatte, wechselte sie ihre Kostümierung, ohne ein Foto gemacht zu haben. Erst bei der nächsten Verkleidung ließ sie sich auf den fotografischen Prozeß ein, nicht zuletzt auch hier wieder auf Davids Anregung hin, der darauf brannte, den Fotoapparat einsetzen zu können.

David und Nina arbeiteten mit einer vollautomatischen Kamera, während ich Kathrin und Sven eine einfache Spiegelreflexkamera zur Verfügung gestellt hatte. Sie hatten vorher bereits einige Male fotografiert.

Um Kathrin und Sven mußte ich mich nur anfangs kümmern, solange sie noch unsicher in der Bedienung der Kamera waren. Als sie sicherer in der Handhabung des Apparates waren, zog ich mich zurück und überließ sie ihrer Kreativität.

Zwischenzeitlich kümmerte ich mich um die Kleinen. Ich weiß nicht, wie oft ich an diesem Nachmittag »Guck mal« gehört habe. Ich unterstützte sie in der Verwirklichung ihrer Ideen und vermied es, Einfluß auf ihre Einfälle auszuüben. Am Ende schminkten sie sich selbst ab. Eine gemeinsame Aufräumaktion bildete den Abschluß dieses Nachmittags.

Filmentwicklung

Die Filmentwicklung war auch in diesem Kurs die schwierigste Phase für die Kinder. Anfangs demonstrierte ich das Aufspulen bei Licht an einem Probefilm. Ich ließ sie nun erst im Hellen mit geöffneten, dann mit geschlossenen Augen das Aufspulen üben. Dabei sollten sie die Filmspule so abtasten, daß sie auch im Dunkeln die Öffnung für den Film finden konnten.

Während für Nina aufgrund ihres Alters das Aufspulen des Films noch zu schwierig war, schaffte es David in überraschend kurzer Zeit. Nina hatte ich statt dessen einen Probefilm gegeben, mit dem sie in dieser Zeit spielen konnte. Für die beiden Älteren bedeutete dieser Schritt eine Geduldsprobe. Sven, der Mißerfolge nur schwer aushalten konnte, brauchte mehrere Anläufe, während derer ich beruhigend auf ihn einreden mußte.

Da nun absolute Dunkelheit herrschen mußte, rief vor allem Nina sehr oft nach mir, und auch David versicherte sich ab und zu, daß ich in seiner Nähe war. Auch jetzt zeigte sich David äußerst geschickt und hatte den Film zuerst aufgespult. Kathrin schaffte es ebenfalls problemlos, während Sven auch jetzt mehrere Versuche benötigte, ungeduldig und jähzornig wurde. Trotzdem gelang es ihm zum Schluß, worauf sich seine Nervosität wieder legte.

Das Entwickeln des Films verlief recht unkompliziert. Schwierig war hier für die Kleinen, den Kipprhythmus der Dose von ca. drei Sekunden einzuhalten. Dieser Schritt war für die Kinder eher ermüdend, gehört jedoch zum normalen Ablauf und sollte aus diesem Grund auch von allen mitgemacht werden. Vom pädagogischen Standpunkt aus war es hier besonders wichtig, ihnen deutlich zu machen, daß Ungeduld und kurzzeitig frustrierende Situationen ausgehalten werden können. Das Erfolgserlebnis zum Schluß, als der fertige Negativfilm betrachtet werden konnte, entschädigte alle für ihre Mühe und bildete ein befriedigendes Ende dieses Nachmittags.

Kontaktabzüge

Bei der Anfertigung der Kontaktabzüge stellte sich bereits Routine ein: Die Kinder hatten sich an das spärliche Licht und den sorgfältigen Umgang mit den giftigen Entwicklerflüssigkeiten gewöhnt. Sie waren stolz auf ihr Können und bestanden auch darauf, alles selber machen zu dürfen. Während Nina normalerweise noch öfter ihre Finger in den Mund nahm, achtete sie im Labor darauf, es zu unterlassen.

Die fertigen Kontaktabzüge betrachteten alle neugierig. Für die Kleinen schien gerade das kleine Format der Bilder Freude zu bereiten. Ich bat die Kinder, bis zum nächsten Mal alle Abzüge einzukleben und sich sechs Bilder auszusuchen, die sie vergrößern wollten.

Bis zur nächsten Kurseinheit verstrich etwas mehr Zeit, in der die Kinder immer wieder fragten, wann wir denn ins Fotolabor gehen würden. Diese Nachfrage machte deutlich, daß das Interesse am fotografischen Prozeß bei den Kindern offensichtlich geweckt worden war.

Vergrößerungen

Bei der Anfertigung der Vergrößerungen waren dann wieder große Unterschiede im Umgang mit der Technik zu beobachten. Kathrin und Sven arbeiteten intensiv an ihren Bildern und schienen bemüht, so viele Abzüge als möglich fertigzubekommen. Nina und David verbrachten dagegen wesentlich mehr Zeit mit den technischen Vorgängen. Beiden bereitete es

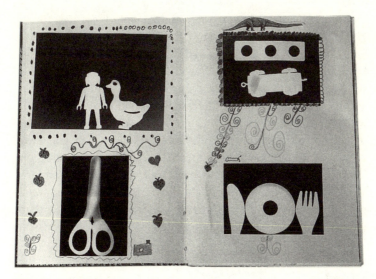

Abb. 17: Fotoalbum

sichtlich Freude, die Bilder durch Verstellen des Vergrößerers zum Verschwinden zu bringen, um sie anschließend langsam wieder auftauchen zu sehen. Allein damit verbrachten sie längere Zeit. Erst dann bemühten sie sich um erste Ergebnisse. Sobald etwas zu sehen war, waren sie zufrieden und wollten belichten. Schärfe und richtige Belichtung schienen für sie sekundär zu sein.

Die Kinder hatten an diesem Nachmittag ihre Fotoalben mitgebracht, um sie mir zu zeigen. Während den Älteren das Einkleben offensichtlich Spaß machte und sie ihr Album um die Bilder herum mit Aufklebern und Zeichnungen schmückten (Abb. 17), fehlte den Kleinen noch eher der Sinn für diese Form der Aufbewahrung. Bevor sie zum Einkleben kamen, waren bereits einige Abzüge verschenkt oder waren verlorengegangen, was den Kindern selbst aber wenig ausmachte. Die verbliebenen Bilder klebten sie mit Freude ein. Auch sie verzierten ihr Album mit Zeichnungen. Dabei fiel auf, daß sie noch nicht die Ordnungsvorstellungen der älteren Kinder hatten: Die Bilder wurden über das ganze Album verteilt eingeklebt, Seiten dazwischen frei gelassen, und es war für sie gleichgültig, ob die Bilder auf dem Kopf standen oder inhaltlich zusammengehörten. Trotzdem waren sie stolz auf ihr Album und zeigten es überall herum. Die fertigen Resultate dieses Nachmittags wurden wieder in das Album eingeklebt.

Parallel zu diesem Kurs liefen noch zwei weitere Kurse, jeweils mit vier Kindern. Am Ende dieses Ablaufes veranstaltete ich nachmittags eine kleine Feier, bei der sich alle zwölf Kinder trafen und sich über ihre Erlebnisse austauschten und ihre Ergebnisse präsentieren bzw. die Ergebnisse der anderen Kinder betrachten konnten. Den Vormittag über widmete ich mich jedem Kind in einem Einzelgespräch, bei dem in Ruhe auf alle Bilder, Eindrücke und Wünsche eingegangen werden konnte.

Vor einer Wiederholung des gesamten fotografischen Prozesses bestanden alle darauf, nochmals einen Nachmittag Fotogramme zu machen. Diese Technik hatte die Kinder offensichtlich am stärksten beeindruckt. Eine der Ursachen des besonderen Interesses an Fotogrammen war die, daß hier mit einfachen Mitteln in kurzer Zeit sichtbare Ergebnisse zu erzielen sind.

6.3 Falldarstellungen

Maria

Die vierjährige Maria kam zusammen mit ihrem eineinhalbjährigen Bruder aufgrund körperlicher Mißhandlung und Vernachlässigung in ein Heim. Maria war bis dahin zu einem großen Teil für ihren Bruder verantwortlich gewesen und hatte lernen müssen, die Bedürfnisse dieses Kindes zu erfassen und nach Möglichkeit zu befriedigen bzw. sie den Eltern mitzuteilen. Maria war also die Hauptbezugsperson für ihren kleinen Bruder, der kaum von ihrer Seite wich. In diesem Zusammenhang hatte Maria keinen Raum bekommen, eine eigene Identität auszubilden. Auf ihre eigenen Bedürfnisse angesprochen, äußerte sie ausschließlich die vermuteten Bedürfnisse des Bruders.

Als man ihr ein Foto zeigte, auf dem sie zusammen mit ihrem Bruder zu sehen war, nannte sie zweimal den Namen dieses Jungen, sich selbst konnte sie nicht namentlich bezeichnen. Hielt man ihr einen Spiegel vor und fragte sie, wen sie dort sehe, reagierte sie völlig verunsichert und wendete sich ab. Darüber hinaus war sie kaum in der Lage, Abbildungen aus einem Bilderbuch zu erkennen, da sie bis dahin nicht damit konfrontiert worden war.

Aufgrund ihres Alters benutzte ich für den fotopädagogischen Prozeß eine vollautomatische Kamera und half ihr weitgehend bei den technischen Abläufen. Ich ließ sie mit einem sechsjährigen Mädchen ihrer Heimgruppe zusammen fotografieren.

Parallel hierzu wurde sie im Heimalltag von der Verantwortung für ihren kleinen Bruder entlastet. In Marias Wohngruppe wurde ein Spiegel in ihrer Augenhöhe angebracht, so daß sie immer die Möglichkeit hatte, im Vorbeigehen einen kurzen Blick auf ihr Spiegelbild zu werfen und dadurch mit ihrem Selbstbild konfrontiert zu werden. Gleichzeitig weckte ich ihre Neugier auf Bilderbücher, indem ich demonstrativ meine Faszination, die diese Bilder auf mich ausübten, bekundete.

Langsam fing sie an, sich an ihr Abbild zu gewöhnen und sich wiederzuerkennen. Nur sehr zögerlich begann sie, ihr Selbstbild mit ihrem Namen zu verbinden. Nach einigen Wochen gelang es ihr jedoch immer besser, und sie begann offensichtlich, durch das Betrachten des Selbstbildes eine visuelle Identität aufzubauen. Sie konnte sich nun sofort erkennen und scheute sich nicht mehr davor, ihr Spiegelbild zu betrachten. In diesem Zusammenhang verbesserte sich ihre Fähigkeit, eigene Wünsche und Bedürfnisse zu äußern. Unterstützt durch diesen Entwicklungsprozeß, war sie nun auch in der Lage, verspätet in die Trotzphase überzugehen und ihrem Willen starken Ausdruck zu verleihen.

Jan

Jan war acht Jahre alt, als er in ein Kinderheim kam. Auch er hatte sich um seine zwei jüngeren Geschwister kümmern müssen. Darüber hinaus hatte er bereits mehrere Einbrüche verübt, bei denen er gelernt hatte, Auto- und Türschlösser aufzubrechen.

Im Heimalltag zeigte er sich sehr verschlossen und übernahm in seiner Gruppe die Sündenbockfunktion. Von Kindern seiner Gruppe wurde er als »Hosenscheißer« bezeichnet.

Seine Mutter hatte ihren ganz kleinen Kindern Wärme und Geborgenheit vermitteln können. Sobald die Kinder jedoch etwas älter wurden, entließ sie sie in eine verfrühte Selbständigkeit. Die Kinder versuchten in der Folge, ihren »Babystatus« möglichst lange beizubehalten, um von ihrer Mutter Zuwendung zu erfahren. Während Jan also einerseits mit Anforderungen konfrontiert wurde, die einem weitaus höheren Alter entsprachen, war er andererseits bemüht, sich in einem wesentlich früheren Entwicklungsstadium zu bewegen. Die Gegensätze »groß« – »klein« wurden so im gesamten Leben für ihn zentral, was nun auch im fotopädagogischen Prozeß seinen Ausdruck fand.

Jan begann recht bald, mit Ausschnitten und Größen zu experimentieren. Auffallend war hier, daß er ausschließlich sowohl sehr kleine Abzüge in Paßbildgröße als auch besonders große Formate bevorzugte.

Seine Bilder erzählten darüber hinaus eindrucksvoll von dem Leben, das er vor seinem Heimaufenthalt geführt hatte. Er stellte für die Fotos einen Einbruch in eine Garage nach, präsentierte sich als schlafendes Baby mit dem Daumen im Mund, bestieg eine Leiter, um seinem imaginären Bruder die Hand zu reichen und ihm hinaufzuhelfen. Während allerdings bei allen Bildern auffiel, daß er zu einer ausgeprägten Gestik in der Lage war, änderte sich seine Mimik nur unwesentlich: Meist blickte er ernst und traurig.

Mit überraschendem Perfektionismus, mit Kreativität und Ausdauer widmete er sich der Vergrößerung seiner Bilder und war oft erst nach drei bis vier Stunden bereit, die Tätigkeit bis zum nächsten Termin zu unterbrechen. Die Fingerfertigkeit, die er im Zusammenhang mit den Einbrüchen entwickelt hatte, konnte er nun in der Laborarbeit nutzen. Die Fähigkeit, die er in einem negativen Zusammenhang erlernt hatte, und seine grundlegende Begeisterung für technisch-funktionale Zusammenhänge konnten so in positive Bahnen gelenkt werden.

In der Reflexion wurde die Zerrissenheit zwischen den Komponenten »groß« und »klein« in vielen Bildern deutlich. So zeigte er sich in einem Bild als »Zauberer, der stark ist und fliegen kann«, gleichzeitig aber eine besonders kleine Statur besitzen sollte. Auch den »Meister Aladin« stellte er klein und »platt am Boden« dar.

Auf das Foto angesprochen, das ihn als schlafendes Baby zeigte, sagte er: »Da konnte ich schlafen, wann ich wollte, habe Süßigkeiten und Babybrei bekommen und mußte nicht in die Schule – und dann kamen Judith und Daniel.« Die Geburt der beiden jüngeren Geschwister Judith und Daniel bedeutete für ihn offensichtlich, daß er sich nun von der Rolle des umsorgten Babys trennen mußte und sich aufgrund dessen zurückgesetzt fühlte.

Ein weiteres Bild zeigte Jan in der Haltung von Jesus am Kreuz. Auf die Frage, warum er diese Pose gewählt habe, antwortete er zuerst: »Weil er gut aussieht.« Erst nach kurzem Zögern sagte er: »Ich finde den gut, weil die anderen den auch nicht mehr haben wollten.«

Die gleiche Zerrissenheit zeigte er im Umgang mit seinen Bildern. Während er seine Fotos einerseits stolz präsentierte und erzählte, daß er im Fotolabor gewesen war, zerriß er später einen Teil seines Albums, nachdem er besonders für seine Bilder gelobt worden war. Es dauerte lange, bis er die Anerkennung annehmen konnte, die er in diesem Bereich erfuhr, da sein negatives Selbstbild die Möglichkeit eigener Fähigkeiten kaum zuließ und er bis dahin gewohnt war, fast ausschließlich durch negative Verhaltensweisen Aufmerksamkeit auf sich zu ziehen.

Dennis

Das folgende Beispiel zeigt, wie mit Hilfe einer Dokumentation der Außenwelt die innere seelische Verfassung visualisiert werden kann und somit Verarbeitungsmöglichkeiten eröffnet werden.

Abb. 18a: »Von da kommt meine Mama.«

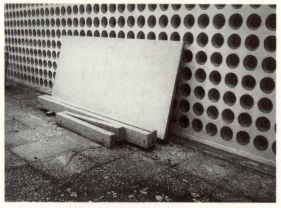

Abb. 18b: »Weil Menschen auch leben.« Das Bild zeigt eine Grabplatte, an deren Rückseite eine Inschrift eingraviert ist.

Dennis kam im Alter von sieben Jahren in ein Kinderheim. Er litt sehr unter der Trennung von seinen Eltern, die ihn im Heim nur selten besuchten. Sprachlich war er kaum in der Lage, seinen Gefühlen Ausdruck zu verleihen. Er wirkte mei-

Abb. 18c: »Das ist ein Kindergrab. Das Baby ist gerade geboren und mußte schon sterben.«

Abb. 18d: »Das ist der See, wo ein Junge alle Karpfen getötet hat. Die Fische waren erst kurz da, 3 Wochen, und waren schon tot.«

stens sehr introvertiert, erzählte wenig und gab sich im Heimalltag sehr angepaßt. Dieses Verhalten wurde jedoch durch
jähzornige Reaktionen und streitsüchtiges Verhalten anderen
Kindern gegenüber durchbrochen.

Im fotopädagogischen Prozeß fand er eine Möglichkeit, seine Trauer über die Trennung von seinen Eltern auszudrücken,
indem er seinen Bildern auffallend oft den Inhalt von Abschied oder Tod zuwies. Unter dem Thema »Der Ort, an dem
ich lebe« fotografierte er im Heim und in dessen Umgebung
für ihn wichtige Orte (s. Abb. 18a–d, S. 100f.):

Sein Wunsch nach Wiederherstellung der früheren Ord-
nung wurde in den folgenden Bildern deutlich:

Abb. 18e: »Meine Nachbarn verstehen sich gut.«

Abb. 18f: »Durch Pflanzen bekommt man Luft.«

Abb. 18g: »Die Mauer sollte repariert werden.«

Abb. 18h: »Diese Ecke sollte mal aufgeräumt werden.«

Erst durch die Visualisierung seiner Gefühle lernte er, diese eher zu akzeptieren. Dies wurde deutlich, als er langsam begann, den Bezugspersonen im Heim gegenüber offener zu werden, und ihnen somit die Gelegenheit gab, ihn besser kennenzulernen und stärker auf ihn eingehen zu können.

6.4 Typische Darstellungsformen

In den Selbstbildern der Kinder zeigt sich in erster Linie die Unbefangenheit, in der sie mit ihrer eigenen Person umgehen. Die Präsentation von Schönheit ist noch unwesentlich. Das Selbstverständnis der Kinder liegt eher in der Bewegung und im unreflektierten Spiel. So sind die Fotos von einer Vielfalt der Bewegungen geprägt, die in der Menge beim Betrachter auf den ersten Blick Verwirrung verursachen: Die Kinder fotografierten sich auf dem Kopf stehend, auf einem Bein, wählten Quer- und Hochformate oder drehten die Kamera nach allen Seiten. Die starke Bewegung verdeutlicht darüber hinaus im Zusammenhang mit den inhaltlichen Darstellungen die Faszination der Kinder während des Prozesses, wobei die Konzentration auf die Technik offensichtlich in den Hintergrund tritt.

Verkehrte Welt

Während die Verkleidung zur Verbildlichung einer bestimmten Rollendarstellung verhilft, dient die Pose dazu, Grenzerfahrungen körperlich sichtbar werden zu lassen. So ist der Kopfstand ein immer wiederkehrendes Element in der Darstellung der Kinder. Alles auf den Kopf zu stellen, das Blut im Kopf zu spüren und dadurch den Körper stärker wahrzunehmen sind hier die »Beweg(ungs)gründe«. Die Pose des Narren ist da nicht fern. Sie zeigt an: Ich verändere meine Blickperspektive, sehe alles auf dem Kopf stehend, zeige gleichzeitig meine Hinteransicht, was auch soviel bedeuten kann wie: »Du kannst mich mal ... ich mach, was ich will!« (s. Abb. 19)

In der fotografischen Darstellung sehen sich kleine Kinder kaum in einer passiven Objektrolle, sondern agieren aktiv zur Kamera hin. Zum einen besitzen sie, wie bereits erwähnt, noch nicht das Wertesystem eines Erwachsenen und haben demnach nicht den Anspruch, sich besonders gut darzustellen.

Abb. 19: Verkehrte Welt

Fehlende Ergebnisorientierung läßt sie darüber hinaus während des Aufnahmeprozesses unbefangener agieren. Zum anderen ist ihre Aufmerksamkeit stärker als bei Älteren auf die Person hinter der Kamera als auf den Apparat selbst gerichtet. Die Kamera wird lediglich als eine Art Spielzeug betrachtet, die somit nicht den angsteinflößenden Charakter hat, den sie bei älteren Kindern, Jugendlichen und Erwachsenen gewinnen kann.

Freche Posen

Eine der typischsten Darstellungen von Kindern ist die freche, grenzüberschreitende Pose. Nicht umsonst sind Figuren wie Pippi Langstrumpf oder Oliver Twist beliebte Persönlichkeiten in der Kindheit. Sie entsprechen dem altersadäquaten Ausprobieren der eigenen Grenzen und der individuellen Möglichkeiten.

Abb. 20a: Freche Pose   *Abb. 20b:* Star-Pose

Da sich die Kinder hier in ihrem Handeln nur bedingt selbst ernst nehmen, haben sie aus ihrer Sicht die Freiheit, alles tun und sagen zu dürfen, ohne daß es ihnen übelgenommen wird. Eine häufige Ausdrucksform ist die provozierende Präsentation des Mittelfingers, die jedoch durch gleichzeitiges Lachen in ihrer aggressiven Bedeutung abgeschwächt wird (Abb. 20a). Wie im nächsten Kapitel zu sehen sein wird, erscheint diese Darstellungsweise bis zum Ende der Pubertät immer wieder.

In Abbildung 20b wird der Übergang vom Kind zum Jugendlichen sichtbar. Die Verkleidung ist hier bereits individueller und orientiert sich nicht mehr an einem eindeutigen Vorbild wie der Figur eines Clowns. Gleichzeitig wird hier der Beginn einer Orientierung an Pop-Idolen sichtbar, wie sie für die Zeit der Pubertät typisch ist.

Circuswelt – Kinderwelt

Die Welt des Circus ist in der Fotografie mit Kindern ein zentrales Thema. Hier vereinen sich verschiedene Elemente, die sowohl kleinere als auch ältere Kinder ansprechen: farbenfrohe Phantasiegestalten, wilde Tiere sowie lebende »Kuscheltiere«, Spielbälle und andere Gegenstände, die der Spielwelt der Kinder entnommen sind.

Abb. 21: Clown

Die Verkleidung als Clown erlaubt es, im legitimen Rahmen dieser Rolle die eigenen Grenzen und die Grenzen anderer zu überschreiten. Grenzerfahrung, ohnehin zentraler Bestandteil des kindlichen Erlebens, wird so im Spiel erprobt. Der spiele-

Abb. 22: Harlekin

rische Rahmen erlaubt einen freieren Umgang mit Grenzen,
als es im Alltag erfahren wird. Die Rolle des Clowns hat hierbei ausschließlich komische Elemente.

Das Thema Circus wird für ältere Kinder auf andere Weise
interessant: Die Gestalt des Harlekin (Abb. 22) läßt einen ern-
steren Umgang mit der eigenen Person zu als die Figur des
Clowns. Die Parallelität des lachenden und des weinenden Auges verbildlicht das komische und gleichzeitig tragische Element dieser Figur.

Der Harlekin ist weniger selbstironisch und plump als der
Clown. Er stellt das Ästhetische in seiner äußeren Erscheinung als auch in seinen Bewegungen in den Vordergrund. Die
Bewegungen sind hier kontrollierter und darauf ausgerichtet,
eine angenehme ästhetische Wirkung auszuüben.

Der Zauberer (Abb. 23) ist eine magische Figur, bei der das
Spielerische nichts mehr von der Unbefangenheit des Clowns
hat. Der Zauberer ist ernster zu nehmen. Er hat Macht. Er entscheidet über Sein oder Nichtsein anderer, während er über sich
selbst ebensolche Macht ausüben kann: Er kann sich verwan-

Abb. 23: Zauberer

deln, kann zeitliche und räumliche Brücken sprengen. Diese Figur kann einerseits zum Wohle anderer handeln als auch Herr über Leid und Vernichtung sein. Der Zauberer ist, anders als die Hexe, eine Persönlichkeit, die Glanz und Würde ausstrahlt, die gefürchtet wird, aber der Ehre und Respekt zuteil wird.

Zum Schluß seien noch die Stofftiere erwähnt, die immer wiederkehrende Objekte in den Fotos der Kinder sind (Abb. 24, s. S. 110). Dabei ist die Darstellung sehr unterschiedlich und läßt verschiedene Interpretationen zu. Das Anliegen kann beispielsweise sein, das geliebte »Übergangsobjekt« zu würdigen, indem es allein im Mittelpunkt des Bildes steht, es kann als Spielfigur dargestellt werden, wird zum Babyersatz oder einfach zum Liebesobjekt. Stofftiere und Puppen werden aufgrund ihres hohen symbolischen Stellenwertes in der Spieltherapie als Kommunikationsmedium benutzt, um Erkenntnisse

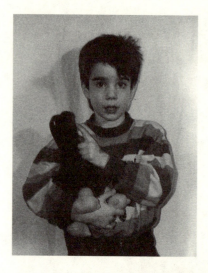

Abb. 24: Mein Teddybär und ich

über zurückliegende Erfahrungen und zwischenmenschliches Beziehungsverhalten zu gewinnen.

Zusammenfassung

In diesem Kapitel wird die fotopädagogische Arbeit mit Kindern im Alter zwischen drei und zwölf Jahren beschrieben. Die Vorgehensweise der Kleinen ist dabei deutlich von der älterer Kinder zu unterscheiden. So gehen kleine Kinder unreflektierter und ohne Ergebnisorientierung an den fotografischen Prozeß heran, während sich ältere Kinder bereits um größere Perfektion bemühen. In mehreren Fallgeschichten wird aufgezeigt, wie Kinder in ihren Bildern ihr Leben erzählen und verarbeiten können, wie Fotografie zur Selbstidentifikation beitragen oder fehlendes sprachliches Ausdrucksvermögen durch die »Bildsprache« überbrückt werden kann.

Die typischen Darstellungsformen entsprechen der Phantasiewelt der Kinder. Dabei steht der Circus thematisch im Vordergrund. Spiel und körperliche Bewegung, Erprobung der Grenzen und die Darstellung mit Kuscheltieren gehören weiter zu den typischen Bildinhalten der Kinder.

7. Fotopädagogik mit Jugendlichen

Durch die in der Pubertät auftretenden körperlichen Veränderungen und die sich ausbildenden Geschlechtsmerkmale ist die Aufmerksamkeit Jugendlicher in starkem Maße dem eigenen Körper gewidmet. Das eigene Aussehen wird oftmals zur Grundlage der eigenen Selbstbewertung.

Schwerpunkte im seelischen Bereich bilden in dieser Zeit »*die Entdeckung des Ichs, die Entstehung eines Lebensplans und das Hineinwachsen in die einzelnen Lebensgebiete*« (Dorsch 1991, S. 324). Unter dem Gesichtspunkt dieser hohen Anforderungen überrascht es nicht, wenn diese Phase durch starke Stimmungs- und Gefühlsschwankungen begleitet wird.

Die Zeit der Pubertät zeichnet sich dadurch aus, daß einerseits die Kindheit mit allen unbekümmerten Versorgungs- und Geborgenheitsmomenten, sofern sie denn vorhanden waren, hinter sich gelassen wird, es bis zum Erwachsenwerden mit all seinen Rechten und Vorteilen aber noch eine Ewigkeit zu sein scheint. In dieser Zeit besteht die Möglichkeit, durch den »*zweiten Entwicklungsschub, der es erforderlich macht, das Verhältnis von Körper, psychischer Struktur und sozialen Beziehungen neu zu ordnen, … Beschädigungen aus der frühen Kindheit zu heilen und Fixierungen aufzulösen*« (Waldeck 1992, S. 191).

Jugendliche entfalten in der Pubertät neue Interessen und setzen sich mit ihrer Umwelt sowie den Werturteilen der Erwachsenen auseinander. Sie haben ein starkes Freiheitsbedürfnis. Gleichzeitig aber ist die Aufmerksamkeit kritisch nach innen gerichtet. Angefüllt mit Ängsten und Unsicherheiten, aber auch mit Wünschen und Phantasien, erleben sie ihre ersten erotischen Begegnungen. Bei ihrer geschlechtlichen Identitätssuche unterliegen Jugendliche häufig einem Konformitätsdruck innerhalb ihrer Gruppe.

In diesem Übergangsstadium dominieren Rollen- und Statusunsicherheiten. Durch die Irritation aufgrund einer neuen wachsenden Körperlichkeit, der geschlechtlichen Triebe, des Interesses an Sexualität und Partnerschaft, des zunehmenden Verständnisses für psychische Gegebenheiten anderer Menschen, der neuen Fähigkeiten und Interessen, die für dieses Alter typisch sind, entstehen Verhaltensverunsicherungen, die diese Phase zu einer krisenhaften Zeit werden lassen. Ein labiles Selbstgefühl und leichte Verletzbarkeit sind oft die Folge.

Die Zeit der Pubertät ist darüber hinaus durch ein Mißverhältnis von körperlicher Entwicklung und Leistungsvermögen gekennzeichnet. So sehen sich Jugendliche schnell aufgrund eines relativ erwachsenen Aussehens überhöhten Anforderungen gegenüber. Da gerade zu dieser Zeit ein starker Wunsch nach Selbständigkeit und Handlungsfreiheit besteht, sind Jugendliche oft bereit, sich diesen Ansprüchen zu unterwerfen, auch wenn es sie völlig überfordert. Eine andere Reaktion kann jedoch auch die völlige Verweigerung sein, wie immer wieder in einzelnen Jugendszenen zu beobachten ist.

Auf der anderen Seite werden Jugendliche in diesem Alter oft unterschätzt. So wird häufig nicht bedacht, daß die intellektuelle Leistungsfähigkeit des Jugendalters mit 15 und 16 Jahren ihren Höhepunkt hat. In dieser Phase wird sehr viel Zeit damit verbracht, Diskussionen zu führen, Ansichten und Phantasien über die Welt und deren Zusammenhänge, über soziale Probleme, über gesellschaftliche Werte und Normen mit Freunden und Freundinnen auszutauschen.

Einen weiteren Konfliktpunkt stellt der Widerspruch zwischen Autonomiebestreben und materieller Abhängigkeit dar. Auf der einen Seite steht der Wunsch nach Ablösung von den Eltern und Eigenständigkeit, auf der anderen Seite ist es in diesem Alter gesetzlich nicht möglich, eine eigene Wohnung zu haben oder genügend Geld für den eigenen Unterhalt zu verdienen.

Die Freizeitangebote für Jugendliche müssen sich an diesen Lebensbedingungen orientieren, indem sie einerseits die aufkommende Selbständigkeit unterstützen, andererseits Kompensations- und Verarbeitungsmöglichkeiten der vielfältigen Konfliktpunke anbieten.

In diesem Zusammenhang steht der Umgang mit Medien im Vordergrund. In einer Welt der »*Entzauberungsdimension*« (Beck 1986) bekommen Jugendliche durch die Medien eine Fülle möglicher Lebenswelten präsentiert. Dabei reichen die Angebote bis in das intime Privatleben, wie beispielsweise die Aufklärungs- und Fotogeschichten in speziellen Jugendzeitschriften oder neuerdings auch auf CD-ROM belegen.

Umgeben von Fernsehen, Zeitungen, Videos, Computer, Postern, Stickern, Bildern auf T-Shirts, Picture-Discs und flimmernden Werbespots, sind Jugendliche in besonderem Maße dem Einfluß der Bilder ausgesetzt. Sie sind die wichtigste Zielgruppe der Medienindustrie. Die Bilder, mit denen Mädchen und Jungen sich umgeben, bestimmen wesentlich ihre Auffassungen vom »richtigen« Leben. Hier liegt ein Ansatzpunkt der Fotografie in der pädagogischen Arbeit: Jugendliche sollten darin unterstützt werden, aktiv mit Medien umzugehen und sie dadurch für sie durchsichtiger und berechenbarer werden zu lassen. Vorgegebenes sollte in Frage gestellt, variiert und umgewandelt, alternative Lebenshaltungen und -träume sollten visualisiert und realisiert werden.

Mit der »*Beschleunigung von Lebensverhältnissen und der damit verknüpften Flüchtigkeit der Wahrnehmungsanlässe*« (Busch 1995, S. 286) umzugehen, erfordert gerade für Jugendliche immer mehr Selektionsvermögen und Orientierung. Zu diesen alltäglichen Anforderungen und Orientierungszwängen kommen die alltäglichen Probleme mit Eltern, Schule, Freund, Freundin und die Gedanken über Ausbildung und Beruf hinzu. Wer dem nicht gewachsen ist, wird verwirrt, gleichgültig oder lehnt die Gesellschaft der Erwachsenen ab.

Aneignungsprozesse zu fördern und Grundlagen für ihre Erprobung zu schaffen ist deshalb heute eine der wichtigsten Aufgaben im Bereich der Jugendarbeit. Wichtig ist weiterhin, Jugendliche mit dem bestehenden Medienangebot nicht allein zu lassen. In einer Welt, in der zentrale Werte sich immer weiter auflösen und immer mehr Lebensweisen nebeneinander möglich sind, muß Orientierungshilfe geleistet werden.

7.1 Fotopädagogik mit weiblichen Jugendlichen

7.1.1 Besonderheiten der Zielgruppe

Um die besonderen Verhaltensweisen in der fotopädagogischen Arbeit mit jugendlichen Mädchen verstehen zu können, sind die geschlechtsspezifischen Sozialisationsprozesse und Lebensweisen zu berücksichtigen. Dabei zeigt sich gerade in der Porträtfotografie die Verunsicherung durch bestehende Normierungen des weiblichen Körpers und typische Rollenklischees, mit denen Mädchen konfrontiert sind.

Mädchen in der Pubertät werden sich ihres weiblichen Körpers bewußt, weil die Körperformen sich verändern. Damit beginnt für Mädchen in dieser Zeit die Auseinandersetzung mit dem Zwiespalt, einerseits den Körper einer Barbie-Puppe besitzen zu wollen und andererseits weibliche Formen zu entwickeln. Dadurch entsteht eine Verunsicherung, die meist zur Folge hat, daß Frauen ihren Körper nicht akzeptieren können. Aufgrund ihrer angeblichen »Problemzonen« haben sie ständig das Gefühl, nicht schön genug, dünn genug, groß genug etc. zu sein.

Mit den Idealvorstellungen im Kopf bleibt der Blick in den Spiegel immer unbefriedigend. Denn dort ist nicht das Ideal zu sehen, sondern jemand anders. So fühlen sie sich meist sich selbst gegenüber fremd. Dies hat ein typisches Suchverhalten zur Folge: Die Frau sieht immer wieder in den Spiegel in der Hoffnung, doch noch etwas von diesem Ideal zu entdecken. Der häufige Blick junger Mädchen in den Spiegel spricht also weniger für weibliche Eitelkeit als für die Suche eines verunsicherten Menschen nach seinem Spiegelbild und seiner Identität sowie nach eigenen Mängeln. Die Werbung der Mode- und Kosmetikindustrie beispielsweise beutet diese Suche aus. Sie verstärkt die Komplexe da, wo sie gewinnbringend sind.

Der Beginn der Menstruation bedeutet darüber hinaus eine Grundlage der Verunsicherung. Auch wenn sie heute nicht mehr als Krankheit behandelt wird, herrscht diesbezüglich immer noch eine Ambivalenz, die einen freien Umgang mit diesem Thema nicht erlaubt. So wird die Menstruation in der Werbung dargestellt als eine einengende, unhygienische Angelegenheit. Erst das entsprechende Produkt erlaubt, so wird suggeriert, sich frei, sicher und sauber zu fühlen.

Die Ambivalenz zwischen dem Bedürfnis, den eigenen Körper anzunehmen und positiv zu besetzen, andererseits dem oktroyierten, perfektionierten Idealbild des weiblichen Körpers zu entsprechen, ist bei Mädchen in der Pubertät besonders stark und erzeugt eine grundlegende Verunsicherung. Die Akzeptanz des eigenen Körpers und somit die Wahrnehmung desselben bleiben in der Folge meist gestört.

Je unvollständiger jedoch das eigene Körperbild wahrgenommen wird, desto unsicherer ist auch die Wahrnehmung der Außenwelt. Das individuelle Körperbewußtsein entscheidet damit über soziale und berufliche Entwicklungsprozesse sowie über individuelle Verhaltensformen in der Geschlechterbeziehung (Waldeck 1992).

Gerade bei Mädchen, die sexuelle Mißbrauchserfahrungen gemacht haben, wird der Körper zur Projektionsfläche. So ist bei diesen Mädchen Anorexie, Bulimie oder auch Übergewichtigkeit häufig zu beobachten. Ständige Krankheiten und erhöhte Unfallgefahr gehören zu den üblichen Symptomen. Es besteht sowohl der Wunsch nach Schönheit als auch nach Häßlichkeit. Verführung und Abwehr liegen dicht beieinander. Hier zeigt sich die durchgehende Ambivalenz als spezifische Problematik dieser Mädchen.

Die pädagogische Arbeit mit Fotografie kann hier als Hilfestellung zur Auflösung dieser Ambivalenz dienen. Sie setzt an dem Symbol- und Symptomträger »Körper« an. Dies darf sich jedoch nicht auf die Reduzierung auf den weiblichen Körper beschränken, sondern muß lediglich als Ansatzpunkt gesehen werden. Von da ausgehend muß ein Prozeß erfolgen, der zur Aneignung des eigenen Körpers führt, der die eventuell verletzten Grenzen erneuert und festigt und in dem sich die Betroffenen wieder wohl fühlen können.

In einer Lebensphase, in der das eigene Aussehen, Kleidung und Schminke, Freundschafts- und Liebesbeziehungen sowie Diskothekenbesuche den Alltagsablauf primär prägen, ist es oft schwer, die Mädchen darüber hinaus für eigeninitiative Freizeitaktivitäten zu begeistern. Auch wenn das Angebot an Mädchengruppen in Jugendzentren mittlerweile zum Standard zählt, orientieren sich Mädchen noch immer vorwiegend an den Freizeitbedürfnissen ihrer Freunde oder verbringen die Zeit im Kreis ihrer Freundinnen.

Ein aktiver Umgang mit Medien ist dabei eher Sache der Jungen: Medienangebote in Jugendzentren beispielsweise werden von 11,5% der Jungen, aber nur von 2,8% der Mädchen wahrgenommen (Institut für soziale Arbeit e.V. 1986).

Dabei stellt sich bei entsprechenden Untersuchungen immer wieder heraus, daß »das Selbstvertrauen von Mädchen im Hinblick auf die Bewältigung von handwerklichen und technischen Aufgaben wächst, je häufiger und intensiver sie in diesem Bereich Erfolgserlebnisse gewinnen konnten« (Christiansen u.a. 1991, S. 97).

Sowohl in der Modefotografie als auch in der künstlerischen Fotografie stehen in der Regel Frauen Modell, quasi als passives Objekt. Hinter der Kamera stehen meistens Männer in der Rolle des aktiven Handlungssubjektes und »setzen die Frau ins Bild«. Der fotopädagogische Aufnahmeprozeß ist dazu geeignet, diese Rollenverteilung aufzulösen: Mädchen können hier zur aktiven Umsetzung ihrer Vorstellungen als Darstellerin angeregt werden. In der Rolle der »Fotografin« treten sie jedoch gänzlich aus dem Objektstatus heraus. Diese Situation kann als pädagogischer Ansatz dazu dienen, Identifikationen mit dem männlichen Blick bewußtzumachen und zu eigenen Formen der Darstellungsweise zu finden.

Wird in der fotopädagogischen Arbeit an den genannten Bedürfnissen der Mädchen angesetzt, so sind sie in der Regel leicht zu motivieren. Selbst Mädchen, die mit besonders schwierigen Lebenssituationen zurechtkommen müssen und die für die üblicherweise angebotenen kreativen Tätigkeiten wie Basteln, Batiken oder Töpfern nicht ansprechbar sind, engagieren sich hier in überraschendem Ausmaß.

7.1.2 Beispiel eines fotopädagogischen Prozesses

Um das Praxisgeschehen zu veranschaulichen, möchte ich im folgenden ein Fotopädagogikprojekt mit Mädchen zwischen 14 und 18 Jahren darstellen.

Das Angebot des Fotoprojektes in einem Jugendzentrum unter dem Thema »Selbstdarstellung« stieß auf unterschiedliche Reaktionen: Manche waren direkt interessiert, andere abwartend und mißtrauisch, wollten erst einmal zusehen. Nach ersten Informationen und einer kleinen Einführung entschlossen sich sechs Mädchen, das Angebot wahrzunehmen.

Fotografieren

Während anfangs Motivation zwar vorhanden, aber noch eher träge war, schienen die Mädchen mit Beginn der eigenen Aktivität konzentriert und engagiert. Die Mädchen hatten offensichtlich direkt Spaß an der Verkleidung. Ohne besonderen Hinweis griffen sie als erstes in die Kleiderkiste und begutachteten die Requisiten. Damit war die erste Hemmung gewichen, und es entwickelte sich eine ausgelassene Lebendigkeit.

Sie zeigten während des Fotografierens sowohl Mut zur extremen Verkleidung als auch zur natürlichen Darstellung. Bei allen war der Wunsch nach körperlichem Ausdruck zu sehen. Die Kreativität in der Darstellung und Verkleidung war trotz

Abb. 25: Experimentieren mit
Verkleidung

Abb. 26: Gestaltung mit Licht und
Schatten

der Posen und Klischees, die präsentiert wurden, auffallend. Viele Mädchen experimentierten bewußt mit der Darstellung (Abb. 25), dem Ausschnitt oder mit Licht und Schatten (Abb. 26).

Der Aufnahmeprozeß verlief überraschend harmonisch. Es herrschte eine rege Betriebsamkeit, die auch die bis dahin Unentschlossenen zum Mitmachen anregte. Viele Mädchen gingen innerhalb des Kurses so aus sich heraus, wie sie es gewöhnlich nicht konnten.

Als nach einiger Zeit deutlich wurde, daß durch die Wiederholung gleicher Posen Langeweile aufkam, stellte ich die nächste Kurseinheit unter das Thema: »Weg vom Posieren – Wie fühle ich mich?«

Begonnen wurde diesmal mit der Herstellung einer Collage. In dieser Collage sollten die Mädchen Frauenabbildungen aus Zeitungen ausschneiden, die ihnen am besten gefielen. Im Anschluß daran verglichen wir die Ergebnisse mit den bis dahin aufgenommenen Fotos der Mädchen. Die Beeinflussung der Modebilder wurde auf diese Weise für alle deutlich.

Während des Fotografierens sollte nun darauf geachtet werden, nicht zu »posieren«, sondern sich so darzustellen, wie sich jede tatsächlich fühlte. Ich stellte den Unterschied zwi-

Abb. 27a: Klischierte
Darstellung

Abb. 27b: Natürliche
Darstellung

schen den eher unbequemen und anstrengenden Posen der
professionellen Modelle und der Möglichkeit, sich während
des Fotografierens körperlich wohl zu fühlen, zur Diskussion.
Die Mädchen sollten darauf achten, daß sie sich wohl und ent-
spannt fühlten. Um das »Posieren« zu vermeiden, sollten sie
darüber hinaus nicht den gesamten Körper, sondern hauptsächlich das Gesicht fotografieren.

Das Ergebnis zeigte, daß diese Fotos natürlicher wirkten
(Abb. 27b) als die, die sich an den klischierten Darstellungs-
weisen orientierten (Abb. 27a). Aufgesetzte Posen waren die
Ausnahme.

Filmentwicklung

Das Aufspulen des Films war für alle Mädchen der schwierigste, aber auch der spannendste Teil. Sie waren jedesmal er-
staunt, daß in völliger Dunkelheit gearbeitet werden sollte.
Das erste, was sie sagten, war regelmäßig: »Aber da sieht man
doch gar nichts mehr!?« Erfuhren sie dann, daß sie auch
»blind« erfolgreich sein konnten, wurde die Aktion spannend
und reizvoll. »Jetzt kann man sich vorstellen, wie es als Blinder
ist«, wurde immer wieder geäußert. Es war für die Mädchen
eine wichtige Erfahrung und ein Erfolgserlebnis, daß sie in der

Lage waren, diesen Arbeitsschritt zu bewältigen. Sie waren anschließend sehr stolz darauf.

Es kam immer wieder vor, daß Mädchen Angst vor der Dunkelheit im Labor hatten, gleichzeitig jedoch neugierig waren. In der Gruppe der ihnen bekannten Mädchen und in der lebendigen Stimmung, die hier herrschte, verflog diese Angst meist jedoch sehr schnell. Nur in Ausnahmefällen mußte vom Entwickeln des Films abgesehen werden, weil die Konfrontation mit völliger Dunkelheit zu große Ängste und traumatische Erinnerungen wachrief.

Entwickeln der Kontakte und Vergrößerungen

Die meisten Mädchen fanden den Augenblick aufregend, in dem sich zum ersten Mal auf dem Fotopapier im Entwickler ein Bild abzeichnete. Auch wenn sie die Probestreifen eher lästig fanden, gewöhnten sie sich an ihre Notwendigkeit. Sie verbrachten zum Teil mehrere Stunden hintereinander im Labor und entwickelten ausgeprägten Arbeitseifer.

Für einige Mädchen war es allerdings so selbstverständlich, einen Film im Geschäft abzugeben und die entwickelten Fotos später abzuholen, daß sie kaum verstanden, daß es hier anders funktionieren sollte. So fragte ein Mädchen, die nach der Negativfilmentwicklung zu einer Verabredung gegangen war, abends nach ihren Bildern. Als ich ihr erklärte, daß sie diese selbst machen müsse, wurde sie wütend und war enttäuscht. Erst am Ende des Kurses war sie von sich aus bereit, ihre Negative des gesamten Kurses in stundenlanger Arbeit nachzuentwickeln. Einige Mädchen weigerten sich konstant, ihre Negative zu entwickeln, weil es ihnen zu anstrengend war, und beauftragten andere Mädchen, ihnen die Fotos in ihrer Abwesenheit zu entwickeln. Dies ließ ich nur in Ausnahmefällen zu.

Bedenkt man die Zerfahrenheit und Konzentrationsschwierigkeiten mancher Mädchen, so war das Ergebnis in seiner Fülle und Vielfältigkeit überraschend positiv.

In der Reflexionsrunde nach einem sehr intensiven Kurs-
wochenende beantwortete eines der Mädchen meine Frage
danach, was ihr nicht gefallen habe, mit:»Das Schlafen zwischendurch.« Die Mädchen hatten Verabredungen abgesagt
und waren das gesamte Wochenende bis spät abends im Labor
gewesen.

7.1.3 Falldarstellungen

Die im folgenden beschriebenen Darstellungen basieren auf
den Erfahrungen verschiedener Fotokurse, die in einem Mäd-
chenheim veranstaltet wurden. Trotz der für dieses Heim spezifischen kurzen Verweildauer der Mädchen von durchschnitt-
lich vier Wochen konnte festgestellt werden, daß auch bei
diesen kurzzeitigen Projekten Teilziele erreicht und grundlegende Veränderungen angeregt werden können.

Kati

Kati, eine 15 Jahre alte Türkin, hatte zu einem großen Teil un-
beaufsichtigt gelebt und wenig Orientierung von den Eltern
bekommen. Gleichzeitig mußte sie sehr früh die Mutter für
ihre fünf jüngeren Brüder ersetzen. Kati hatte Sorge, daß ihre
Geschwister verhungerten, wenn sie nicht für sie sorgte. Tatsächlich waren die Kinder alle unterernährt.
   Ihr Vater war ebensowenig wie die Mutter dazu in der
Lage, sich um die Familie zu kümmern. Bei seinen seltenen
Aufenthalten zu Hause schlug er sowohl seine Frau als auch
die Kinder. Vor allem Kati hatte darunter zu leiden. In der
Familie herrschte eine ständig chaotische, laute und aggressive Atmosphäre. Aktueller Anlaß für Katis Heimaufenthalt
waren massive Gewaltausbrüche von seiten des Vaters gewesen. Darüber hinaus gab es verschiedene Anhaltspunkte, die
sexuellen Mißbrauch außerhalb von Katis Familie vermuten
ließen.

Kati fiel auf durch hyperaktives und ein durch Ambivalenz geprägtes Verhalten. Sie war fortwährend aufgeregt und nervös, redete sehr viel und sehr schnell. Oft wirkte ihr Verhalten panikartig. Die Ursache für ihr Auftreten war offensichtlich die Überforderung, die sie in ihrer Familie erfahren hatte.

Sowohl ihre Angst vor dieser Überforderung als auch vor Schlägen machte sie unfähig, den alltäglichen Anforderungen mit Geduld und Konzentration zu begegnen. Sie stand ständig unter dem Erfolgsdruck, alles sofort perfekt zu gestalten. Gleichzeitig überschlug sie in einem Handlungsablauf oft mehrere Schritte. Der Mißerfolg war somit vorprogrammiert. Verunsicherung, das Gefühl der Hilflosigkeit und Angst vor erneutem Versagen waren die Folge. Der Kreislauf war damit geschlossen.

Durch ihr Verhalten brachte Kati sehr viel Unruhe in die gesamte Gruppe der Mädchen. Nicht zuletzt deshalb erfuhr sie dort meist Ablehnung. Sie konnte keine Grenzen akzeptieren und nahm sich aus den Zimmern der anderen Mädchen das, was sie gerade brauchte, betrat die Zimmer, ohne anzuklopfen, und unterbrach Gespräche anderer oft durch meist zusammenhanglose Beiträge.

Die pädagogische Intervention sollte dazu führen, zu lernen, ein Vorhaben schrittweise anzugehen. Von Bedeutung war, daß sie das Projekt bis zum Ende mitmachte, damit sie Ausdauer und Geduld übte und erlebte, daß sie zu akzeptierten und befriedigenden Leistungen in der Lage war. Auf diese Weise sollte eine Erweiterung ihrer Frustrationstoleranz bewirkt werden. Die Steigerung ihrer Konzentrationsfähigkeit sollte ihr mehr innere Ruhe vermitteln.

Ich betonte von Anfang an, daß Fotografieren nur in Ruhe und Schritt für Schritt funktioniert, dabei nichts perfekt sein muß, sondern Fehler immer zum fotografischen Prozeß dazugehören. Der Ablauf war im weiteren ein ständiger Balanceakt zwischen Wahrnehmung ihrer spontanen Stimmungen und Aufforderungen, sich ihr zuzuwenden, der Vermittlung der technischen Fertigkeiten, der Verwirklichung der Ziele des

Projektes und der Beschäftigung mit den anderen Mädchen der Gruppe.

Sobald sie hinter der Kamera stand, wurde sie hektisch und wollte auf den Auslöser drücken, obwohl sie noch keine Einstellung gewählt hatte. Als ich sie darauf hinwies, reagierte sie panikartig: »Ich kann das nicht! Ich habe doch gesagt, daß ich das nicht kann!« Nachdem ich sie beruhigt und wiederholt hatte, daß Fehler zum Arbeitsprozeß gehören würden und sie genügend Zeit hätte auszuprobieren, lernte sie Schritt für Schritt, die Kamera zu bedienen.

Wir gingen mit drei anderen Mädchen in die Dunkelkammer, um den Film zu entwickeln. Die Wechsel zwischen Katis Engagement und Resignation waren häufig und jedesmal sehr ausdrucksstark. Bis sie den Negativfilm richtig aufgespult hatte, mußten wir die Spule mehrmals öffnen und von vorne beginnen. Ich redete ihr gut zu und äußerte meine Überzeugung, daß sie es bestimmt könne, sich nur Zeit lassen müsse, und redete während des Aufspulens weiter beruhigend und motivierend auf sie ein. Zu ihrer eigenen Nervosität kam die Ungeduld der übrigen Mädchen, die sie damit unter verstärkten Zeitdruck setzten.

Das Einhalten des 3-Sekunden-Rhythmus während des Entwicklungsvorgangs bis zur abschließenden Fixierung fiel ihr ebenfalls sehr schwer. War sie nicht ständig beschäftigt, wurde sie nervös und verließ das Labor. So war es nicht möglich, die Arbeitsschritte zwischen ihr und ihrer Partnerin aufzuteilen, da sie die Zeit, in der ihre Partnerin arbeitete, nicht abwarten und überbrücken konnte.

Führte auch in der Folge etwas nicht sofort zu einem ihrer Sicht nach perfekten Ergebnis, erschien ihr das »Fotografieren doof«, und sie betonte, daß es keinen Spaß mache. War sie erfolgreich, war sie begeistert und sagte, Fotografieren »mache totalen Spaß«. So fand sie das Aufspulen des Films, nachdem es ihr gelungen war, auch »toll« und »spannend«.

Bei der Arbeit mit dem Probestreifen des ersten Kontaktes fiel mir auf, daß Kati auch hier wieder kleine Arbeitsschritte übersprang. Wir übten also auch dies so lange, bis es ihr gelang.

Während der Laborarbeit war es wichtig, das Ergebnis nicht aus meiner Sicht zu betrachten, sondern sie bestimmen zu lassen, was sie schön und ausreichend fand. Ich versuchte, ihre Grenze zur Überforderung zu spüren und bereits im Vorfeld beruhigend auf sie einzuwirken.

Wie wichtig für Kati ihre eigenen Fotos waren, demonstrierte sie, indem sie jeden Probestreifen, auch wenn er völlig unscharf war, aufbewahrte und anderen zeigte. Sie war offensichtlich stolz auf ihre Arbeit. Zum Schluß durfte sie ein paar großformatige Fotos anfertigen, was ihr nun auch gut alleine gelang.

Auch wenn die panikartigen Versagensängste immer wieder auftraten und Kati äußere Ablenkungen nutzte, um auszuweichen, hatte sie es geschafft, den Prozeß bis zum Ende mitzumachen.

Ihre Sprunghaftigkeit und fehlende Bodenständigkeit wurden in der Betrachtung ihrer Bilder besonders deutlich. Während sie ebenfalls wie die anderen Mädchen die typischen Haltungen von Fotomodellen kopierte, wollte sie sich jedoch ausdrücklich nur bis zu den Knien fotografieren lassen.

Gleichzeitig schien sie auf diese Weise Halt, den sie im Leben nicht hatte, an ihrem eigenen Körper zu suchen. Ihr Griff ins Haar und an die Hüfte wirkten, als versuche sie so, ihren Körper zusammenzuhalten, weil er sonst auseinanderzubrechen drohe. Zerfahrenheit und Unsicherheit wurden hier eindrucksvoll visualisiert.

Auffallend an Katis Fotos war darüber hinaus, daß die »Posen« auf den ersten Blick nicht wie bei anderen von Passivität und Schwäche geprägt waren. Sie zeigte sich stark, stemmte die Hände in die Hüften, verschränkte die Arme vor der Brust und sah in meist aufrechter Haltung gezielt in die Kamera. Hier zeigte sich offensichtlich die Position, in die sie in ihrer Familiensituation gedrängt worden war.

Bei genauerer Betrachtung der Fotos war jedoch ebenfalls Angst zu erkennen. Die aufrechte Haltung, die vorgestreckte Brust und der gezielte Blick in die Kamera wurden nur dadurch möglich, daß sie ihre ängstlichen und schwachen Anteile hinter verschränkten Armen versteckte und sich nach außen als stark präsentierte.

Interessant waren auch die Gruppenbilder: Entgegen ihrem sonst sehr fordernden Verhalten stellte sie sich hier kaum in den Vordergrund, sondern hinter die Gruppe. Hier wurde ihr Wunsch deutlich, sich zu verstecken und nicht stark wirken zu müssen. Sie zeigte auf diesen Bildern eine ungewohnte Lokkerheit.

Unbeholfener wirkten dagegen die Bilder, auf denen sie sich eher passiv und verführerisch gab. Man merkte, daß diese Rolle für sie ungewohnt war.

Auf den meisten ihrer Fotos hatte sie sich im Hochformat fotografieren lassen, was eher untypisch für die Fotos der Mädchen war. Dies unterstützte den ohnehin unruhigen Eindruck. Außerdem fiel auf, daß sie weder auf den Einzelporträts noch auf den Gruppenfotos lachte, sondern meist einen sehr ernsten und künstlich kontrolliert wirkenden Gesichtsausdruck hatte.

Der erschöpfte Gesichtsausdruck derer, die von Kati fotografiert worden waren, ließ erkennen, daß es lange gedauert haben mußte, bis Kati die richtige Einstellung gefunden hatte und auf den Auflöser drücken konnte. Trotzdem gelang es ihr, nach anfänglicher Überbelichtung eine richtige Belichtungszeit zu finden. Die Einstellung der Schärfe war nur zum Teil gelungen. Auffallend war der Bildausschnitt: Die Personen waren alle auf große Distanz fotografiert und somit im Bild recht klein. Diese Darstellungsweise reduzierte die Personen gleichsam auf »Kinder«, die wenig bedrohlich erscheinen und beherrscht werden können.

Jenny und Gaby

Wie unterschiedlich der Umgang mit der bildlichen Selbstdarstellung sein kann, zeigen die folgenden zwei Beispiele:

Jenny, 15 Jahre alt, kam aufgrund häufiger Konflikte mit ihrer Mutter ins Heim. Sie fühlte sich von ihrer Mutter und den Geschwistern abgelehnt.

Ihre Eltern trennten sich, als Jenny ein Jahr alt war. Im gleichen Jahr heiratete die Mutter erneut. Zeitweise wurde Jenny in einer Pflegefamilie untergebracht. Kurz vor ihrem Heimaufenthalt trennten sich Mutter und Stiefvater, und die Mutter lernte einen neuen Freund kennen. Jennys Biographie war demnach durch häufige Beziehungswechsel geprägt. Sie wirkte meist nachdenklich und traurig.

Unter dem Thema »Wie fühle ich mich« fertigte sie eine Fotoserie an. Für die Aufnahmen kleidete sie sich schwarz, hängte sich ein Kreuz um und nahm ein schwarzes Buch in die Hand, von dem sie sagte, es solle eine Bibel darstellen. Als Hintergrund wählte sie eine benachbarte Kirche. Ihre Bildserie, die sie auf diese Weise herstellte, nannte sie »Ich trauere um meine Eltern«. Die Trauer, die sie hier darstellte, ging einher mit dem Gefühl der Einsamkeit und Kälte. »Ich friere« nannte sie weitere Bilder. Sie wuße sich jedoch zu helfen und lehnte sich an eine wärmende Heizung, vor der sie sich fotografieren ließ. Darauf aufbauend konnte sie nun den Blick in den Spiegel wagen. »Wer bin ich?« fragte sie hier. Nach einer Besinnungspause vor dem Fenster, dem sie zuerst den Rücken zuwendete, drehte sie sich zum Fenster, sah hinaus und winkte. Auf die Frage, wem sie zuwinken würde, sagte sie, sie winke ihren Eltern zum Abschied zu. Sie nannte die gesamte Bildserie »Abschied«. Jenny wirkte nach diesem Prozeß gelöster und heiterer.

Wenige Tage später verließ sie das Heim, um zu ihrer Mutter zurückzukehren. Sie hatte offensichtlich die Trennung ihrer Eltern so weit verarbeitet, daß sie sich mit der neuen Familiensituation konfrontieren konnte.

Jenny zeigte auf ihren Fotos Traurigkeit und Schmerz. Aber sie zeigte beides nicht nur, sie arbeitete damit und machte daraus einen Handlungsprozeß. Der fotopädagogische Ablauf mit Jenny zeigt sehr eindrucksvoll, wie auf diese Weise Verarbeitungsprozesse in Gang gesetzt werden können. Es darf hierbei natürlich nicht übersehen werden, daß Jenny grundsätzlich offen und bereit für Veränderungen war.

Das Beispiel eines anderen Mädchens, Gaby, ist dagegen eher dazu geeignet, eine Lebenshaltung zu symbolisieren.

Gabys Bildserie »Darstellung einer Szene« zeigte sie am Fenster sitzend. Der Blick schien eher unbestimmt nach draußen, ins Leere und gleichzeitig nach innen auf sich selbst gerichtet. Sie saß, in sich zusammengesunken, vor einem Fenster, dessen Existenz sie jedoch kaum wahrzunehmen schien. Auffallend war ihr trauriger und resignierter Eindruck. Selbst beim Blick in den Spiegel schien ihr Blick durch ihr Spiegelbild hindurchzugehen. Auffallend war ihr Wunsch, sich hinter ihren Haaren zu verstecken. Doch selbst dieses Bemühen war für sie offensichtlich nicht ausreichend genug: Sie wendete auf den folgenden Bildern den Kopf weg von der Kamera zur Wand. Auf den restlichen drei Bildern stellte auch sie dar: »Ich friere«, verharrte jedoch in dieser Position.

Gaby benutzte die bildliche Darstellung dazu, ihre Problemlage und vor allem ihre emotionale Verfassung zu visualisieren. Sie steigerte sich dadurch jedoch in ihre Rolle hinein und festigte damit eher ihre emotionale depressive Befindlichkeit. Sie setzte ihrer Traurigkeit nichts entgegen und versuchte nicht, aktiv aus ihrer Stimmung herauszukommen. Dementsprechend variierte sie ihre Selbstdarstellung nur geringfügig.

Erst drei Wochen später war sie in der Lage, sich offener und expressiver auf ihren Fotos darzustellen. Auf diesen Bildern war ihre Körperhaltung wesentlich lebhafter, und die Bewegung machte ihr offensichtlich Spaß. Sie war aktiv, zog sich zwischenzeitlich um, probierte Kleidung und Körperhaltungen aus und ließ sich mit anderen zusammen fotografieren.

7.1.4 Typische Darstellungsformen

Die Auswertung des Fotomaterials beruht auf den Ergebnissen vieler Fotoprojekte, die in verschiedenen Institutionen und freien Fotogruppen entstanden. Die Betrachtung des Fotomaterials ergab, daß die fotografische Inszenierung sich an den persönlichen Erfahrungen der Mädchen festmachte. Die Konstruktion des eigenen Bildes ist von den altersentsprechenden Entwicklungen und den Vorerfahrungen der Mädchen geprägt. Die Rolle der Verführerin und viele andere Rollen bestimmen die Selbstbildnisse der Mädchen.

Gleichzeitig zeigt sich in den Selbstbildern sehr eindrucksvoll der Übergang zwischen kindlicher Verspieltheit und der Entwicklung zum Erwachsenen. Die Symbole beider Entwicklungsphasen bestimmen das typische Bild der Mädchenzimmer: Teddybär und Pop-Idol, Luftballon und Walkman (Abb. 28).

Die verschiedenen Rollen sind in ihrer Darstellung nicht so ungebrochen, wie es die folgende Beschreibung vermitteln

Abb. 28: Mädchenzimmer

mag. Trotzdem besitzen die Typisierungen einen Erkenntnis-
wert. Sie stellen Orientierungspole dar, in deren Spannungs-
feld die Selbstdarstellung der Mädchen möglich wird.

Die Verführerische

Das Verführerische in den Fotos der Mädchen ist ein durchge-
hendes Element (Abb. 29). Es kann praktisch mit jedem anderen Typ kombiniert werden, beispielsweise mit dem »coolen
Typ« (Abb. 30a, s. S. 130). Gleichzeitig stehen ihm aber auch
die romantischen Elemente sehr nah (Abb. 30b). Hinter der
verführerischen Pose steht die Frage: »Wie wirke ich?« Die

Abb. 29: Die Verführerische

Abb. 30a: Die Verführerische
(cool)

Abb. 30b: Die Verführerische
(romantisch)

eigentliche Frage dahinter lautet: »Wer bin ich?« Das Bedürfnis, gesehen zu werden, ist an der Schwelle zwischen unreflektierter Kindlichkeit und pubertärem Selbstbezug eines der
wichtigsten Momente.

Verführerisches Verhalten ist bei Mädchen in diesem Alter
provokativ und passiv zugleich. Es ist das spielerische Ausprobieren der eigenen Erotik, das jederzeit die Möglichkeit zum
Rückzug läßt. Es erinnert an das spielende Kind, das die Welt
erobern will, sich aber bei Gefahr schnell hinter der Mutter
versteckt.

Die Rolle der Verführerin ist die am häufigsten dargestellte.
Sie ist vielen Mädchen geläufig. Dabei war zu beobachen, daß
Mädchen die Posen anderer Mädchen nachahmten, um »sexy«
und verführerisch zu wirken, auch wenn sie sich im Alltag eher
jungenhaft verhielten.

Beim Vergleich verschiedener Mädchenzeitschriften wurde
der Einfluß der dort abgebildeten Posen deutlich (vgl. auch
Abb. 27a und Abb. 29). Diese Zeitschriften geben Halt und
Orientierung und sind darüber hinaus prägend für die Rollen-

bilder der Mädchen. Sie leiten die neuen, sinnlichen und erotischen Gefühle der Mädchen in bestimmte Bahnen. Die Mädchen lernen jedoch auf diese Weise, sich auf ihre Körperlichkeit reduziert zu betrachten, sich als »Objekt der Begierde« zu
sehen und sich mit Hilfe von Konsumartikeln an die okroyier-
ten Weiblichkeitsbilder anzupassen.

Trotzdem gab es hier eine Tabugrenze, die nur wenige Mädchen überschreiten wollten. Sobald Mädchen ihr Interesse an
Aktfotos bekundeten, reagierten die anderen alarmiert und
baten mich einzuschreiten. In dieser Situation war es für die
Mädchen wichtig, klare Grenzen zu ziehen. Diese Grenzziehung war sowohl für die Betroffenen als auch für die anderen
Mädchen eine wichtige Orientierung.

Haare gehören im allgemeinen zu den Elementen, die Einfluß auf die sinnliche Ausstrahlung eines Menschen nehmen.
Gerade in der Darstellung der Verführerischen spielen sie deshalb eine große Rolle. Es fällt auf, daß auf vielen Fotos die
Haare demonstrativ aus dem Gesicht gestrichen werden mit
einer bei allen ähnlichen Bewegungsart. Die Geste verstärkt
die in diesem Alter eigene sinnliche Ausstrahlung. Aus männ-
lichem Blickwinkel wird sie oft als verführerisch bezeichnet.
Beeinflußt auch von dieser Interpretation wird sie dann als
Zeichen von besonderer Attraktivität von Mädchen und Frau-
en selbst verwendet. Aber auch bei Jungen ist sie immer öfter
zu beobachten. Sieht man diese Bewegung bei Erwachsenen,
wirkt sie meist »jugendlich«.

Die Romantische

Ebenfalls zu den häufigsten Motiven zählt die Darstellung der
romantischen Frau bzw. des romantischen Mädchens (Abb. 31,
s. S. 132). Hier kommen typische Mädchenträume zum Ausdruck, die von der Sehnsucht nach Liebe und Anerkennung
handeln. Sie werden geschürt durch die Traum- und Phantasiewelten, von denen die speziellen Mädchen- und Frauenro-
mane, die die Mädchen vorwiegend lesen, berichten. Das Kli-

131

Abb. 31: Die Romantische

schee der schönen, sanften, passiven und verträumten Frau
spricht sowohl die altersmäßige Nähe zum Kindsein mitsamt
seiner Phantasie und Geborgenheitssehnsucht an als auch den
Wunsch, eine »Dame« zu werden.

Das Romantische, das durch eine schwärmerische und
verträumte Idealisierung der Wirklichkeit gekennzeichnet ist,
besitzt zugleich den Reiz des Abenteuerlichen, des Un-
vorhergesehenen, des Geheimnisvollen. Das Gefühl steht
hier im Vordergrund. Die bevorzugte Kleidung erinnert an
die Mode zur Zeit der Jahrhundertwende. Sie ist phanta-
sievoll, verspielt, mit möglichst viel Spitze und Rüschen
und beinhaltet viele Kombinationsmöglichkeiten und Requisiten.

Diese stimmungsvolle, idealisierte Welt ist gerade für die
Mädchen besonders interessant, für die diese Welt eine vor-
übergehende Befreiung von Sorgen und Ängsten bedeutet.
Für sie ist der Glaube an eine derartige »heile Welt« die Hoff-

Abb. 32: Romantisches junges Mädchen   *Abb. 33:* Romantisches älteres Mädchen

nung auf ein besseres Leben und macht damit die problembeladene Gegenwart erträglicher.

Die Darstellerin in der Abbildung 32 verbildlicht das romantische junge Mädchen. Hier verschwimmen die Grenzen zwischen dem Kind und dem jungen Mädchen, was im körperlichen und mimischen Ausdrucksverhalten zu sehen ist.

In der Abbildung 33 zeigt sich das romantische ältere Mädchen. Hier ist das Kindliche schon im Verschwinden begriffen. Die Haltung ist aufrechter, der Ausdruck ernster. Den reiferen Eindruck unterstützen Requisiten wie ein Hut oder ein Sonnenschirm, die eher von Damen als von Kindern benutzt werden.

Die Coole

Die Coole ist in einer Zeit der Unsicherheit und Verwirrung ebenfalls schon immer ein beliebtes Motiv gewesen. Accessoires hierfür sind Sonnenbrille, Zigarette, Lederjacke und alles, was hart, undurchdringlich oder einfach erwachsener wirkt. Der Körperausdruck ist eingeschränkt auf ein Minimum, der Gesichtsausdruck ebenfalls unbeweglich und starr. Der Blick richtet sich meist von oben nach unten und erzielt so eine eher abweisende und unnahbare Wirkung.

Hinter der Maske des Coolen, Unnahbaren können die ganzen altersspezifischen Ängste und Unsicherheiten verborgen werden. Sie gibt die Möglichkeit, sich stark und erwachsen zu fühlen. Gleichzeitig braucht auf die notwendige Aufmerksamkeit und Zuneigung nicht verzichtet zu werden. Die gleichaltrigen Jungen »fallen darauf herein«, obwohl sie diese Maske selbst kennen und, sogar stärker als die Mädchen, einsetzen (s. Kapitel 7, Abschnitt 2.3). Das Unnahbare läßt immer Raum für Phantasie und Projektionen. All das, was man sehen möch-

Abb. 34: Die Coole

te, kann dahinter vermutet werden. Gegenüber Menschen, die sich offen zeigen, hat die Coole etwas Geheimnisvolles, was sie interessant und begehrenswert macht.

Coole Menschen sind für andere schlecht einzuschätzen. Ist man selbst cooler als andere, weiß man in der Regel von den anderen mehr als diese über einen selbst. Das Gefühl der Macht und Überlegenheit ist die Folge. Andererseits besteht die Annahme, daß niemand die eigene Unsicherheit und Verletzlichkeit bemerkt.

Die Freche

Die Rolle der »Frechen« (Abb. 33 und 36, s. S. 136) ist nicht erst seit Pippi Langstrumpf sehr beliebt. Auch sie hat viele kindliche Elemente und eröffnet den schnellen Rückzug in die Kindrolle: »Das hab' ich doch gar nicht so gemeint!« Sie erinnert an das Kind im Trotzalter, das seine Möglichkeiten ausreizt und Grenzen kennenlernt. Die »Freche« markiert

Abb. 35: Die Freche

Abb. 36 a/b: Freche Typen

den starken Freiheitsdrang und die frische Energie dieses Alters. Zu der kindlichen Unbeschwertheit und der jugendlichen Neugierde auf die eigene Rolle kommt die Auflehnung gegenüber den elterlichen Normen hinzu. Die Rolle schafft Raum, aggressiv, laut und aktiv sein zu können, ohne die ganze Härte von Sanktionen fürchten zu müssen.

Der Nachteil dieses Rollenbildes ist jedoch der, daß dieser Typus nicht ernstgenommen wird. Mädchen mit diesem Rollenverhalten werden lediglich als »freche Gören« bezeichnet und somit auf den Status »böser Kinder« reduziert. Gleichzeitig hat die Freche gerade deswegen Narrenfreiheit. Sie kann vieles von dem ausprobieren, was die anderen Rollen nicht zulassen. »Freche« Mädchen müssen sich nicht »weiblich« verhalten, sie dürfen genauso raumerobernd und kämpferisch sein wie Jungen. Hier fehlen das verführerische, passive Lächeln, die schräge Kopfhaltung, das Schüchterne und Ängstliche, das Schwache und Verfügbare. Die »Freche« stellt damit einen Typus dar, der nicht in das enge Korsett der verführerischen Frau eingeschnürt ist.

Die Darstellung des frechen Typs fördert gleichzeitig die Wahrnehmungs- und Beobachtungsfähigkeit, das Selbstbewußtsein, den Mut, die Kreativität und die Toleranz der Beteiligten (vgl. Thiesen 1994). In der spielerischen Grenzüberschreitung können eigene Ausdrucksgrenzen wahrgenommen und erweitert werden.

Die Hexe

Die Hexe (Abb. 37, s. S. 138) vereint alle bisher genannten Rollen. Sie ist romantisch orientiert, liebt verspielte Kleidung, träumt von der romantischen Liebe, kann schön und lieblich sein, aber auch häßlich und zerfurcht. Jede Frechheit wird ihr verziehen und eher als Imagepflege betrachtet. Gleichzeitig entbindet sie von der Pflicht der passiven, als weiblich stigmatisierten Sexualität. Nicht umsonst ist das Motiv der Hexe in entsprechenden Jugendszenen so beliebt. Diese Rolle erlaubt

Abb. 37: Hexe

all das, was man sonst als Mädchen nicht darf, läßt aber Raum
für alles, was sonst üblich ist.

Die Rolle der Hexe besteht darin, List und Tücke, Hinter-
hältigkeit und Gemeinheit, Todes- und Erniedrigungswünsche
lustvoll spielerisch auszuleben. Die Hexe ist frei von den
Zwängen, die für das Verhalten von Mädchen sonst gelten. Sie
braucht weder hübsch noch lieb und freundlich zu sein – im
Gegenteil!

In dieser Rolle kommt das Geheimnisvolle und Verführerische zu Hilfe. Das Verführerische ist das Mittel, das Opfer in
die Falle zu locken – gleich der Spinne, die ihr Netz spinnt.
Ähnlich wie die Rolle der »Coolen« bietet diese Rolle die
Möglichkeit, sich zu verstecken und sich stark und mächtig zu
fühlen. Anders als die »Coole« nimmt die »Hexe« aber den
Kampf mit der Gesellschaft auf, geht zum Angriff auf eine
fremdbestimmte Erwachsenenwelt über.

Zugleich bietet die Rolle der Hexe oder des Vampirs offensichtlich immer wieder die Möglichkeit, eigene Gewalterfah-
rungen auszudrücken, sich mit dem Unterdrücker zu identifi-

138

Abb. 38 a/b: Verhaltensänderung durch Verkleidung

zieren, um die Erfahrungen so zu verarbeiten und Gegen-
bilder zu schaffen. Sie ist gerade für die Mädchen, die nur
schwer Wut und Aggression zeigen können, eine Möglichkeit,
spielerisch beides zu erproben. So wundert es nicht, wenn tem-
peramentvolle und extrovertierte Mädchen nicht den Wunsch
haben, sich als Vampir oder Hexe zu verkleiden, ruhigere
Mädchen jedoch diese Möglichkeit nutzen.

Während des Fotografierens war immer wieder zu beobachten, wie sich das individuelle Verhalten sofort mit dem Anle-
gen der entsprechenden Kleidung veränderte. Mädchen, die
sonst schüchtern und leise waren, wurden offensiv, laut, aktiv,
agierten aggressiv zur Kamera hin und hatten ganz offensichtlich ihren Spaß daran (Abb. 38 a/b).

7.2 Fotopädagogik mit männlichen Jugendlichen

7.2.1 Besonderheiten der Zielgruppe

Während in der feministischen Forschung bereits viel über
weibliche Sozialisation geschrieben worden ist und Mädchengruppen und Schutzräume eingerichtet wurden, in denen über
weibliche Verhaltens- und Lebensweisen reflektiert werden
kann, steht die Jungenpädagogik noch am Anfang. Männer-
gruppen und ähnliche Einrichtungen, die Jungen und Männern Gelegenheit bieten, sich auszutauschen und über ihre
Lebensentwürfe zu reflektieren, werden dagegen noch häufig
belächelt. Eine Infragestellung männlichen Verhaltens ist offensichtlich noch zu bedrohlich. Entsprechende Entwicklungen erfahren so immer wieder Rückschläge.

Dabei zeigen die Erkenntnisse der Jungenpädagogik, daß
männliche Jugendliche in ihrem Selbstbild und Rollenverhalten durchaus verunsichert und verwirrt sind (Sielert 1993; Katzenbach u.a. 1994). Dazu trägt nicht zuletzt das immer noch
bestehende Bild vom »starken Mann« bei, das es parallel zu
einem oft eher schwachen Selbstbild aufrechtzuerhalten gilt.
Zerrissen zwischen der tradierten Rolle des starken, selbstbe-

wußten Mannes und dem Wunsch danach, Gefühle stärker zum Ausdruck bringen zu können, werden Männer mit dem weiblichen Anspruch konfrontiert, beide Rollen gegenüber Frauen ausfüllen zu können. Die Angst, entweder als »Macho« oder als »Softi« bezeichnet zu werden, bedeutet für Jungen heute eine ständige Gratwanderung.

In Jugendszenen macht sich diese Zerrissenheit bemerkbar, indem nebeneinander Gruppen existieren, in denen Jugendliche herkömmliche Männlichkeitsideale in eindeutiger Weise nach außen tragen, und solche, die versuchen, diese traditionellen Werte aufzubrechen, indem sie ihre weiblichen Anteile suchen. Kahlrasierte Jungen in Springerstiefeln stehen hier langhaarigen, geschminkten Jungen in Spitzenblusen gegenüber. Die Feindschaft zwischen diesen Gruppen steht synonym für die innere Zerrissenheit vieler männlicher Jugendlicher heute.

In entsprechenden Forschungen wird deutlich, daß sich die Probleme männlicher Jugendlicher in der Hauptsache um den Zustand des eigenen Körpers sowie die allgemeine Leistungsfähigkeit drehen. Während Mädchen aufgrund der Menstruation und körperlichen Veränderungen und Empfindungen in der frühen Pubertät ihren Körper verstärkt wahrnehmen, gewinnt die Wahrnehmung des Körpers der Jungen mit ebenfalls körperlichen Veränderungen und der Ejakulationsfähigkeit an Bedeutung. Darüber hinaus spüren Jungen ihren Körper besonders im Zusammenhang mit sportlicher Betätigung, die einen Schwerpunkt in der Freizeitbeschäftigung männlicher Jugendlicher ausmacht.

Während Mädchen ihren Körper jedoch eher als verletzlich akzeptieren können, versuchen Jungen, im Sport ihren Körper zu stählen und ihn zum Panzer gegen Verletzungen zu trainieren. Mädchen spüren Krankheitssignale ihres Körpers deshalb auch wesentlich eher, als dies bei Jungen der Fall ist. Krankheit wird für Jungen mit Schwäche gleichgesetzt. Diese jedoch gilt es zu verbergen. Das Bedürfnis, den eigenen Körper unter Kontrolle zu haben, ist typisch jungenspezifisch.

Fehlende Lehrstellen und die Aussicht auf Arbeitslosigkeit prägen weiter das Leben der Jugendlichen. In dieser Zeit neigen gerade männliche Jugendliche dazu, sich in ausschließlich männlichen Cliquen zusammenzuschließen, in denen man sich sicher und geborgen, vor allem aber verstanden fühlt.

Jugendgruppen dieser Art sind keine neuen Erscheinungen, sondern bereits seit den Brüderschaften im vorindustriellen Europa bekannt. Dabei bewegte sich das Image dieser Gruppen zwischen dem von Wächtern der Tugend einerseits und dem von Unruhestiftern andererseits (Gillis 1994). Die Gewaltbereitschaft männlicher Jugendcliquen ist in jüngster Zeit nicht zuletzt wegen des Verhaltens der Skinheads sowie durch rebellierende Punkgruppen zum Thema geworden.

In der pädagogischen Arbeit mit männlichen Jugendlichen können geschlechtsspezifische Aspekte nicht außer acht gelassen werden. Jungengruppen z.B. in Jugendzentren sollen dazu verhelfen, die positiven Aspekte männlicher Jugendgruppen zu unterstützen und gleichzeitig über geschlechtsspezifische Rollenzuschreibungen zu reflektieren.

»Die Fähigkeiten, nicht nur Wut, sondern auch Trauer, Mutlosigkeit und Schwäche auszudrücken, zuzuhören und abwarten zu können, sich emotional intensiv an andere Menschen zu binden, das Leben mit Kindern zu genießen und Liebe und Sexualität ganzheitlich zu erleben, müssen nicht als etwas ›Artfremdes‹ angeeignet werden, sondern sind auch in Männern als Möglichkeit und Bedürfnis angelegt. Sie müssen aber mühsam wieder entdeckt und freigelegt werden, weil sie unter dem zum ›Männlichkeitspanzer‹ geronnenen männlichen Prinzip verschüttet liegen. Das, was als weiblich gilt, wurde von den meisten Männern so intensiv bei sich und anderen bekämpft, daß es auch als Bedürfnis ausgemerzt ist und nur noch sporadisch als Mangel erlebt wird« (Sielert 1993, S. 22).

In den Selbstdarstellungen der Jungen bestätigten sich sowohl das einseitige Bild des starken Mannes als auch der Wunsch nach einem Ausdruck von Sinnlichkeit und Emotionalität. Gewalt, Freundschaft und Freizeitbeschäftigung bildeten die zentralen Themen.

7.2.2 Beispiel eines fotopädagogischen Prozesses

Die praktischen Ausführungen dieses Teils beruhen auf Erfahrungen mit Gruppen von vierzehn- bis zwanzigjährigen Jungen.

Es fiel auf, daß die Jungen weniger ängstlich an den fotografischen Prozeß herangingen als die Mädchen. Das allgemeine Interesse an technischen Dingen förderte einen schnellen Einstieg. Im Vergleich zu den Mädchengruppen war die Atmosphäre jedoch deutlich aggressionsgeladener und lauter. Gleichzeitig war die Erwartungshaltung besonders hoch, gute Fotos von sich zu bekommen. Während bei den Jüngeren zu beobachten war, daß sie noch offen für die Darstellung von emotionalen Haltungen waren, änderte sich dies mit steigendem Alter.

Bereits in den Fotogrammen war ein deutlicher Unterschied zu denen der anderen Gruppen zu erkennen: Gewalt, Konkurrenz und Kampf – Themen, die in den anderen Gruppen nicht auftauchten – fanden hier ihren Ausdruck. Gleich-

Abb. 39: Fotogramm

zeitig wurden die Inhalte szenischer und erzählten Geschichten. Während des technischen Ablaufs wurden diese Bilder von den Jugendlichen kommentiert, so daß deutlich wurde, daß sie diese Geschichten während des Prozesses erfanden. Abbildung 39 zeigt eines dieser typischen Bilder: die Szene kämpfender Soldaten. Andere Darstellungen zeigten strangulierte oder geköpfte Figuren.

Anschließend fotografierten sich die Jugendlichen paarweise oder zu dritt. Unter dem Thema »Gewalt« ließen sich drei Jugendliche von einem Freund fotografieren. Spontan wurde derjenige als »Opfer« gewählt, der innerhalb der Gruppe die schwächste Position hatte. Die Jugendlichen stellten nach, wie sie den Jüngsten der Gruppe mit einem Stock verprügelten, und ließen ihn zum Schluß auf dem Boden liegen (Abb. 40a). Dazu aufgefordert, wechselten sie nun die Positionen, so daß

Abb. 40a/b: Gewalt und Versöhnung

144

Abb. 41: Gewalt

jeder von ihnen einmal die Rolle des »Opfers« bekam. Spontan entschlossen sich die Jungen am Ende dieser Sequenzen dazu, eine »Versöhnung« zu inszenieren (Abb. 40b).

In der Reflexion bestätigte sich, daß das Erleben der »Opferrolle« von den Jungen, die diese Rolle nicht gewohnt waren, offensichtlich Gefühle freigesetzt hatte, die ihnen vorher nicht möglich waren. Ihr Erleben trug dazu bei, die verhärteten Fronten zu lockern.

Andere Jungen brachten das Thema »Gewalt« in einem Bild auf den Punkt: die geballte Faust, die zuschlägt. Die Lederjacke unterstreicht diese Symbolik (Abb. 41).

In der Umsetzung des Themas »Freundschaft« visualisierten die Jugendlichen sehr eindrucksvoll das tragende Element, den Schutz und die Geborgenheit einer Freundschaft (Abb. 42, s. S. 146). Im allgemeinen fiel auf, daß die aktive Rolle, Geborgenheit zu vermitteln, für Jungen leichter zu fallen scheint, als die Sehnsucht nach Geborgenheit als passives Bedürfnis akzeptieren zu können.

Abb. 42: Freundschaft

Abb. 43: Ausgeschlossen

146

Abb. 44: Allein

Ebenso eindrucksvoll visualisierten diese Jugendlichen das Thema »Ausgeschlossen« (Abb. 43). Während zwei der Jugendlichen Zusammenschluß signalisieren, indem der Arm des einen auf der Schulter des anderen liegt und beide mit dem Finger auf den dritten zeigen, steht der Ausgeschlossene in größerem Abstand alleine. Die lässige Körperhaltung des Jugendlichen auf der linken Seite signalisiert darüber hinaus Sicherheit und Stärke, die er durch die in die Hüfte gestützte Faust betont.

»Allein« war das Thema der nächsten Abbildung (Abb. 44). Hier stehen die Jugendlichen jeweils vom anderen abgewandt in größerem Abstand voneinander. Jeder ist für sich allein. Es besteht kein Blickkontakt. Die verschränkten Arme der beiden außen stehenden Jugendlichen unterstreichen den Eindruck, allein mit sich zu sein. Hier scheint keine Kommunikation mehr möglich.

Gemeinsames Erleben ist ein weiterer Aspekt in den Darstellungen männlicher Jugendlicher (Abb. 45, s. S. 148). In gemeinsamer Aktivität scheint es den männlichen Jugendlichen

Abb. 45: Gemeinsam

am leichtesten zu fallen, Freundschaft und Zuneigung zu zeigen. Sobald die Jugendlichen jedoch ohne Möglichkeiten der Ablenkung zusammen zu sehen sind, wird es schwerer, die Zuneigung zuzulassen und abzubilden. Im Nebeneinander zeigen sich Abwehr und Angst, sich zu nah zu kommen. In der Abbildung 46 signalisiert die Körperhaltung beider Jungen eine deutliche unbewußte Abgrenzung vom anderen. Zuneigung wird, wie andere Bilder belegen, nur in humorvoller Weise möglich.

Gerade für männliche Jugendliche mit ihrem besonderen Bedürfnis zu körperlich aktiver Freizeitgestaltung ist aufgrund häufig fehlender Möglichkeiten das Thema Langeweile von Bedeutung. So wurde dieses Thema auch von den Jugendlichen selbst initiiert und fotografisch umgesetzt (Abb. 47, s. S. 150). Das Bild »herumlungender« Jugendlicher ist für Außenstehende ein nicht ungewohntes Bild. Die Zeiträume zwischen Schule, Hausaufgaben und Öffnung des Jugendzentrums, Beginn des Fußballspiels oder anderen Möglichkeiten gemeinsamer Freizeitbetätigung sind Leerzeiten, die über-

Abb. 46: Abgrenzung

brückt werden müssen. Der Wunsch, der familiären Enge zu entfliehen, Freunde zu treffen oder eventuellen Streß der Schule oder Lehre abzubauen, verlagert sich dann auf die Straße. Sie wird zum Ort des Geschehens oder des Wartens auf Betätigung.

Der entwicklungstechnische Ablauf gestaltete sich in der Regel recht unkompliziert. Durch die grundsätzliche Offenheit technischen Dingen gegenüber bereitete die Laborarbeit meist keine Schwierigkeiten. Die Jungen waren innerhalb kurzer Zeit in der Lage, selbständig zu arbeiten.

Die Jungen wählten zur Vergrößerung fast ausschließlich die Bilder, auf denen sie selbstbewußt und stark wirkten, auch wenn diese technisch fehlerhafter waren als andere. Obwohl einigen sehr schöne und technisch perfekte Porträts gelungen

Abb. 47: Langeweile

waren, auf denen sie sich ernst und sehr natürlich gaben, wählte niemand diese Bilder für sich aus.

Die Reflexion der Selbstbilder unterschied sich deutlich von den Erfahrungen, die ich mit Mädchengruppen machte: Während dort häufig sowohl positive Überraschung über eigene Selbstporträts als auch eindeutig Anerkennung gegenüber den Bildern anderer geäußert worden war, wurden die Meinungen hier widersprüchlich und verschlüsselt geäußert. So hieß es nie: »Da sehe ich ja richtig gut aus«, sondern: »Wie sehe ich denn da aus!« Während Mädchen darüber überrascht waren, daß sie entgegen ihren Erwartungen *doch* gut aussahen, waren die Jungen überrascht, *doch nicht* so gut auszusehen, wie sie bis dahin glaubten.

Im allgemeinen hielten sich die Jugendlichen mit Kommentaren über ihre eigenen Bilder wesentlich stärker zurück als mit der Beurteilung der Selbstporträts anderer Jungen. Über fremde Selbstbilder wurde fast durchgehend Ablehnung und Verachtung geäußert. So konnte man einerseits leicht vor der Betrachtung der eigenen Selbstbilder und den damit verbun-

150

denen Ängsten und Unsicherheiten ausweichen, andererseits in Konkurrenz treten zu seinen Freunden. Grundsätzlich haben diese Kommentare jedoch einen paradoxen Charakter: Hinter der geäußerten Verachtung steht Bewunderung und Anerkennung, die auf diese Weise vermittelt wird. Da die Kommunikation in männlichen Jugendgruppen vielfach auf diesem paradoxen Prinzip beruht, habe ich auch nie erlebt, daß jemand verärgert auf diese Bemerkungen reagierte: Man versteht sich auf dieser Ebene.

Auffallend war, daß die allgemeine Motivation bei Jungen schwächer ausgeprägt war als bei entsprechenden Mädchengruppen. Die zeitliche Dauer der einzelnen Kursabschnitte war deutlich kürzer, da die Jugendlichen meist unter Termindruck standen: Entweder kamen sie bereits vom Fußballspielen und hatten bis dahin noch keine Zeit gehabt, sich von der Schule und den entsprechenden Aktivitäten zu erholen, oder sie hatten bereits kurz darauf Verabredungen und weitere Kurstermine.

7.2.3 Typische Darstellungsformen

In den folgenden Darstellungsweisen spiegeln sich die Rollenzuschreibungen wieder, denen sich die männlichen Jugendlichen gegenübersehen. Wie auch die bisher beschriebenen Typisierungen sind diese Darstellungen nicht so ungebrochen, wie es hier erscheinen mag. Dennoch stellen die hier aufgeführten Selbstbilder eine Spannbreite männlicher Selbsteinschätzungen dar, wie sie häufig zu beobachten sind.

Der Macho

Der »Macho« ist vermutlich eine der ältesten männlichen Darstellungsweisen im fotografischen Selbstbild. Der Macho gibt sich in der Öffentlichkeit stark und überlegen. Er begeg-

Abb. 48: Macho

net seinem Leben mit der Einstellung: »Was mich nicht umbringt, macht mich hart.« Accessoires sind hier die Zigarette im Mundwinkel, die Sonnenbrille oder die Lederjacke. Die Körperhaltung ist lässig und gleichzeitig machtvoll. Aufrecht, breitbeinig, die Hände in den Hosentaschen steht der »Macho« nach außen hin unbeteiligt dem alltäglichen Geschehen gegenüber, indem er seine Gefühle und Reaktionen scheinbar unter Kontrolle hat (Abb. 48).

Als »Macho« werden Jungen und Männer bezeichnet, die »unreflektiert und selbstverständlich auf ihren traditionellen Rollenvorstellungen und ihrer männlichen Vormachtstellung bestehen«. Dabei wird derjenige mit einem »muskulösen, möglichst breitschultrigen Körper als männlich angesehen, der wenig Schlaf benötigt, dem Schmerzen nichts anhaben, der üppig und relativ wahllos ernährt wird und viel Alkohol vertragen kann. Männlichkeit heißt oft noch, auf das Äußere nicht so viel Wert zu legen und Gefühle zu kontrollieren, viel zu leisten und von anderen möglichst nicht abhängig zu sein. Als männlich gilt, selbstbewußt und unternehmensfreudig, notfalls aggressiv seinen Weg zu gehen, alle Situationen dabei im Griff zu haben, andere dabei möglichst wenig um Hilfe zu bitten, von Frauen nicht besonders viel zu erwarten und mit anderen Männern zu konkurrieren« (Sielert 1993, S. 16).

Die Darstellung des Machos bietet gerade männlichen Jugendlichen in einer Phase der Verunsicherung und Identitätssuche, wie sie bereits beschrieben wurde, Sicherheit hinter einem Schutzwall, hinter dem man unbemerkt die alterstypischen Konflikte verbergen kann.

Hier visualisieren sich die Vorstellungen von Männlichkeit in einer eindeutigen, oft übertriebenen Form, die auf eine Überkompensation hinweist. Vermeintliche Schwächen und Mängel sollen hier durch den besonderen Hinweis auf die männlichen Anteile ausgeglichen werden. In der Annahme, daß so niemand diese vermeintlichen Mängel bemerkt, wird der Schein von Stärke und Macht nach außen hin aufrechterhalten.

Dahinter steht oft ein eher defizitäres Selbstbild und nicht selten ein sehr gefühlvoller und empfindsamer Mensch, den es zu verbergen gilt, will man die Anerkennung der anderen männlichen Gruppenmitglieder nicht aufs Spiel setzen. Gefühle zu zeigen und Schwächen zuzulassen wird noch immer häufig mit verbaler und sozialer Ausgrenzung sanktioniert. Dabei werden diese Eigenschaften nicht selten mit vermeintlicher Homosexualität in Verbindung gebracht.

Erst in den letzten Jahren besitzt die Bezeichnung »Macho« nicht mehr ausschließlich positiven Wert. Durch längere Haare, zum Zopf zusammengebunden, oder femininere Kleidung versuchen sich viele Jungen und Männer von diesem Selbstbild abzugrenzen. Wer etwas auf sich hält, kehrt den Macho nicht mehr nach außen, sondern verbirgt ihn hinter einem nach außen hin aufgeschlosseneren Männlichkeitsbild.

Der Held

Während das Selbstbild des »Machos« auf seine aktive Darstellung zurückzuführen ist, wird man zum Helden von anderen gemacht. Er dient als Vorbild für eigene Verhaltensweisen. Herausragende soziale Leistungen wie die Rettung von Menschen, sportliche Leistungen, die der nationalen Ehre dienen, sowie errungene Siege im Kampf gegen feindliche Gruppen können Ursache für die Verehrung seiner Person sein. Der Held trägt Aspekte von Heiligkeit, Märtyrertum, Unnahbarkeit und steht einsam auf einem Podest, während er gefeiert wird.

Die Eigenschaften des Helden sind im traditionellen Sinn männlich: Er ist mutig, zeigt körperliche Stärke, ignoriert seine Schmerzen und Wunden und kämpft, ohne sich von seinen Überzeugungen abbringen zu lassen. Verliert er trotzdem während einer seiner heldenhaften Taten sein Leben, so wird er darüber hinaus als Märtyrer bezeichnet.

Daß sein Zustand für ihn oft unerträglich sein kann, da Angst und Unterlegenheitsgefühle sowie Freude und Zuneigung nicht in dieses Bild zu passen scheinen und deshalb nicht zugelassen werden dürfen, wird außer acht gelassen. Der Preis ist die Einsamkeit. Alle großen Helden können ihr Ansehen nur durch diesen Preis erhalten. So reiten Billy the Kid, Lucky Luke oder Zorro dann auch alleine durch die Welt, da ihr Panzer sie nicht nur vor Gefahren von außen schützt, sondern auch verhindert, daß liebevolle Gefühle sie erreichen und eigene Gefühle von innen nach außen gelangen können.

Neben jenem Heldentypus existiert ein weiteres, eher brüchiges Heldenbild. Dieser Typus zeichnet sich nicht zwingend durch das Vollbringen edler Taten aus, sondern oftmals durch die Ablehnung der gesellschaftlichen Ideale und moralischen Normen. Zum Held wird er, indem er trotz gesellschaftlicher Sanktionen seine Überzeugungen beibehält. Ihm begegnet man vor allem in Jugendfilmen und der Jugendmusik. Hier verkörpern der musikalische Ausdruck und das äußere Er-

Abb. 49: Held

scheinungsbild eine Lebenshaltung, die zum Vorbild für seine Verehrer wird.

Dieser Held- oder auch Idoltypus (Abb. 49) trägt neben herkömmlichen Elementen eindeutig weichere und verletzbare Züge und ist gerade deswegen einsam. Trotzdem möchte er sich nicht in die Rolle des ausschließlich harten und überlegenen Mannes zwingen lassen. Er fühlt sich unverstanden und allein, stellt dies jedoch nicht als besonderen Wert heraus und gibt sich nicht mit diesem Preis zufrieden. Er scheitert an seiner Zerrissenheit, sieht sich als Opfer einer feindseligen Gesellschaft und macht seinem Leben oftmals selbst ein Ende. Er bietet eine Projektionsfläche für eigene Unsicherheiten und Ängste und wird dafür bewundert, daß er trotz gesellschaftli-

Abb. 50: Beherrschung des Fahrzeugs

cher Härten und Sanktionen seine Unsicherheiten preisgibt. Er wird zum Idol und Leitbild Jugendlicher auch über seinen Tod hinaus.

Der mobile Mann

Der fahrbare Untersatz spielt bei Jungen und Männern eine bedeutende Rolle. Dabei besitzt das Fahrrad noch eher kindliche Aspekte, da die PS-Zahl hier nicht relevant ist. Wichtig ist jedoch hierbei, zu demonstrieren, wie sehr das Fahrzeug beherrschbar ist und was man alles damit machen kann (Abb. 50).

Abb. 51: Motorrad als Männlichkeitssymbol

Nach dem Mofa ist dann der Besitz eines Motorrades der nächste Schritt in der Reihe der Initiationsriten. Das Motorrad wird mit Männlichkeit, Abenteuer und Stärke assoziiert. Die lässig-überlegene Körperhaltung, mit der der Junge in Abbildung 51 sein Motorrad präsentiert, unterstreicht dies. Das Selbstbild des starken Mannes erfährt hier eine besondere Aussagekraft.

Der Besitz eines Autos weist darauf hin, daß man sich bereits erwachsen fühlt. Es ist Statussymbol. Dabei spielt jedoch eine große Rolle, um welches Auto es sich handelt. Während Mädchen relativ egal ist, welches Auto sie fahren, »frisieren« Jungen ihre Autos, »legen« sie tiefer, bestücken sie mit breiteren Reifen, Spoilern, zusätzlichen Lampen u.a., um einen größtmöglichen Eindruck nach außen hin zu erzielen.

Der aktive Mann

Männlichkeit wird offensichtlich mit Aktivität und Arbeit assoziiert. Die Darstellung von Freizeitaktivitäten war in der fotopädagogischen Arbeit mit Jungen deutlich häufiger als bei Kursen mit Mädchen: die Bedienung hinter dem Tresen, Zeitung lesen oder das Billardspiel (Abb. 52 a–c), Fahrrad- oder Motorradfahren waren Inhalte dieser Darstellungen.

Abb. 52a: Hinterm Tresen   *Abb. 52b:* Beim Zeitunglesen

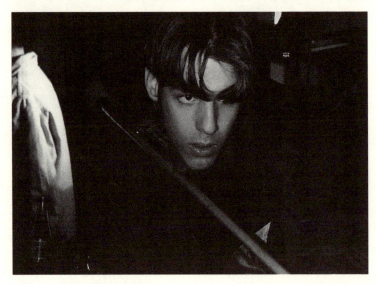

Abb. 52c: Beim Billardspiel

Der Gewalttätige

Wie bereits beschrieben, war Gewalt ein zentrales Thema in den Selbstdarstellungen männlicher Jugendlicher. Deshalb gehört auch der Gewalttätige zu den typischen Darstellungsformen (Abb. 53). Dabei war die Darstellung in der Regel unabhängig von alltäglichem Verhalten.

Abb. 53 a–b: Gewalt

Der Sinnliche

Abb. 54a: Nachdenklich

Abb. 54b: Romantisch

Daß Männer auch gerne einmal verführerisch, verträumt und sinnlich sein möchten, zeigen diese Bilder. Nur wenige hatten den Mut dazu, dieses Thema fotografisch zu inszenieren. Interessant ist, daß diese Darstellungsweisen nie in einer Gruppe gewählt wurden, in der die Präsentation des harten, machohaften Typus vorrangig war. Der Gruppendruck ist offensichtlich hier zu hoch. So stammen diese Bilder auch aus einer der wenigen Jugendzentrumsgruppen, in der es für alle Beteiligten möglich war, sich gefühlvoll zu zeigen.

Nachdenkliche Gesten (Abb. 54a) oder die Wahl einer romantisch anmutenden Umgebung (Abb. 54b) wurden in diesem Zusammenhang als Darstellungsmöglichkeiten gewählt. Dabei spielte die Nähe zur Natur, einem typisch romantischen Element, eine große Rolle.

Gab es parallel zu diesen sinnlichen Darstellungen auch aggressivere Posen, so waren die Kommentare der Jugendlichen meist einheitlich. Die sinnliche Pose wurde als die private interpretiert: »Das bin ich zu Hause.« Die aggressive wurde hingegen mit öffentlichen Verhaltensweisen in Verbindung gesetzt: »Das bin ich in der Schule.«

Die gleiche Unterscheidung stellte sich in der Arbeit mit Jungengruppen in Jugendzentren und Heimgruppen heraus: In den Heimgruppen, in denen die Jugendlichen zusammen wohnten, demnach auch sehr intime Dinge von den anderen erfuhren, war die Darstellung des Sinnlichen wesentlich eher zu beobachten als in entsprechenden Jugendzentrumsgruppen. In einer Situation wie dieser, in der man sich nur an bestimmten Tagen für wenige Stunden traf, überwog die Darstellung des starken Mannes. Das Jugendzentrum galt als öffentlicher Ort, an dem das Private, hier die sinnliche und nachdenkliche Pose, keinen Platz hat.

Der Schwache

Das Thema des schwachen Mannes setzten nur wenige so kreativ um wie der Junge in Abbildung 55: angekettet und durch einen Stock gestützt, in gebückter Haltung und mit gesenktem Blick. Viele der anderen Darstellungen mit diesem Thema unterschieden sich nur unwesentlich von den übrigen Darstellungsweisen: Die Angst der Jungen vor einer Konfrontation mit Schwäche verhinderte meist ihre Ausdrucksfähigkeit.

Abb. 55: Der Schwache

Der Lausbub

Der Lausbub visualisiert den Übergang von kindlichen Verhaltensweisen zu denen des erwachsenen Mannes. Die eher
verunstaltende Grimasse (Abb. 56), die Entfremdung durch
Verkleidung oder entsprechende Requisiten verschaffen Erleichterung in bezug auf die anstrengende alltäglich geforder-
te Darstellungsweise und schaffen Raum, um bislang unbe-
kannte Möglichkeiten zu erproben.

Abb. 56: Der Lausbub

Der Kreative

Kreativität und Selbstironie traten meist erst bei älteren Jugendlichen auf. Hier ist bereits eine Distanz zu existentiellen Verunsicherungen eingetreten, die es erlaubt, den eigenen Körper als »Spielmaterial« einzusetzen, ohne damit unbedingt eine Lebenshaltung zu verbinden.

Abb. 57: Der Kreative

Zusammenfassung

In den fotopädagogischen Kursen mit Jugendlichen visualisieren sich die geschlechts- und alterstypischen Verhaltensweisen sowie die individuellen Lebensgeschichten. Diese Selbstbilder können pädagogisch dazu genutzt werden, geschlechtsspezifische Rollenklischees zu reflektieren, Lebenshaltungen zu hinterfragen oder Verarbeitungsprozesse in Gang zu setzen.

Um das Praxisgeschehen zu verdeutlichen, wurde in diesem Kapitel ein fotografischer Prozeß ausführlich beschrieben.

Hier wird u. a. deutlich, wie der entwicklungstechnische Vorgang zu Verhaltensveränderungen beitragen kann. In der Gegenüberstellung von zwei Fotoserien verschiedener Mädchen zeigen sich unterschiedliche Möglichkeiten des Umgangs mit der bildlichen Selbstdarstellung.

Der fotopädagogische Prozeß mit männlichen Jugendlichen unterscheidet sich deutlich von der Arbeit mit Mädchengruppen. Die Vorerfahrungen mit technischen Dingen erleichtern Jungen den Einstieg in einen solchen Kurs. Die Betrachtung des Selbstbildes scheint dagegen für Jungen schwieriger zu sein als für Mädchen.

Die typischen Darstellungen in den fotografischen Bildern der Mädchen sind die der Verführerischen, der Romantischen, der Coolen, der Frechen und der Hexe. Die beschriebenen Darstellungsformen können nicht nur als typisch für Mädchen in diesem Alter, sondern ebenso für weibliche Darstellungsweisen im allgemeinen angesehen werden. Hier spiegeln sich u. a. die gesellschaftlichen Ansprüche wider, die an das Rollenverhalten der Frauen und Mädchen herangetragen werden, sowie Möglichkeiten, diesen Rollen etwas entgegenzusetzen.

Auch in den Selbstdarstellungen der Jungen spiegeln sich die gesellschaftlichen Ansprüche wider, die an Jungen und Männer gestellt werden: stark, mutig, aktiv, sportlich und mobil zu sein. Sinnlichkeit und Schwäche haben nur am Rande oder im privaten Lebensraum Platz. Der Macho, der Held, der motorisierte, der aktive sowie der gewalttätige Mann gehören so zu den häufigsten Darstellungsweisen. Der Sinnliche, der Schwache, der Lausbub oder der Kreative sind daneben weitere Formen der männlichen Selbstdarstellung. Fotopädagogik kann somit männliche Jugendliche darin unterstützen, zu erkennen, daß sie ebenso wie Mädchen im Besitz einer Gefühlsebene sind, deren Entdeckung sich lohnt.

8. Fotopädagogik mit SeniorInnen

8.1 Besonderheiten der Zielgruppe

Während die Jugendphase von einer Identitäts- und Orientierungssuche geprägt ist, stehen in der Lebensphase danach eher berufliche und familiäre Fragen im Vordergrund. Erst das Ausscheiden aus dem Beruf und der Verlust von Funktionen im Alter führen wiederum in eine Zeitspanne, in der die Suche nach Orientierung und Identität erneut an Bedeutung gewinnt.

Die Lebenserwartung alter Menschen ist in den letzten zwei Jahrhunderten stark angestiegen: Während Mitte des 18. Jahrhunderts ein 50jähriger als Greis bezeichnet wurde, beträgt die durchschnittliche Lebensdauer von Frauen heute 79, von Männern 72 Jahre. Durch den gleichzeitig zu beobachtenden Geburtenrückgang gehen Schätzungen davon aus, daß bis zum Jahre 2030 mit einem Anteil von 34% alter Menschen in bezug zur Gesamtbevölkerung in der Bundesrepublik Deutschland auszugehen ist.

Vor diesem Hintergrund werden alte Menschen heute als Konsumentengruppe erkannt und erfahren deshalb in diesem Zusammenhang größere Aufmerksamkeit als bisher. Während sie jedoch früher wegen ihrer Lebenserfahrung als weise Ratgeber geachtet wurden, gilt ihr Wissen heute aufgrund der rasanten Entwicklung in den Bereichen der Technik, der Wissenschaft und der Erziehung als veraltet.

Mit sozialer Isolation sind vor allem Seniorinnen konfrontiert: 60% der Frauen über 65 Jahre leben allein, dagegen nur

20% der Männer (Witterstätter 1994, S. 41). Ursachen hierfür sind zum einen, daß Frauen eine höhere Lebenserwartung haben als Männer, zum anderen, daß verwitwete Frauen seltener noch einmal heiraten als verwitwete Männer.

Seit einiger Zeit ist jedoch zu beobachten, daß alte Menschen mehr Selbstbewußtsein als früher zeigen: Sie sind sportlich und politisch aktiv, gründen Verbände, reisen, engagieren sich in sozialen Bereichen, lernen Fremdsprachen und besuchen Kreativkurse. Das Alter wird als ein Zeitraum erkannt, in dem man Dinge nachholen kann, zu denen man vorher keine Zeit fand.

Psychische und kognitive Entwicklungsprozesse sind auch im Alter möglich. Erfahrungsbedingte und praktische Intelligenz können erhalten und weiter differenziert werden. Untersuchungen ergaben, daß auch im Alter effektive Handlungsstrategien verfügbar sind, die die Bewältigung kognitiver Aufgaben und praktischer Lebensanforderungen ermöglichen (Bundesministerium für Familie, Senioren, Frauen und Jugend 1994, S. 45). 90% der 70- bis 80jährigen, 70% der 80- bis 90jährigen und 60% der über 90jährigen gelten in entsprechenden Untersuchungen als voll kompetent und können ihre Angelegenheiten noch völlig selbständig regeln (Witterstätter 1994, S. 33). Voraussetzung ist jedoch, daß genügend Anforderungen und Lernanreize vorhanden sind.

Witterstätter betont in diesem Zusammenhang die Selbstfindung als Lernziel (ebd., S. 79). Dabei stehen eine Bilanzierung des Lebens, Integrität sowie die Annahme des Lebensabends und des Todes im Vordergrund. Darüber hinaus wird immer wieder die Entwicklung eines höheren Selbstwertgefühles und eines positiven Selbstbildes hervorgehoben.

Das Selbstbild älterer Menschen ist abhängig von der physischen und psychischen individuellen Verfassung, dem Einkommen, dem Beruf, der Zahl und dem Alter der Kinder und Enkelkinder sowie von der Schichtzugehörigkeit (Bundesministerium für Familie, Senioren, Frauen und Jugend 1994, S. 97).

In einer Gesellschaft, in der jede zusätzliche Gesichts- und

Körperfalte kritisch beobachtet und zum Kriterium für Lebenslust und Selbsteinschätzung wird, in der die Erhaltung der Jugendlichkeit einen Stellenwert einnimmt, hinter dem Lebenserfahrung und Weisheit zurücktreten, wird es verständlich, wenn sich bei alten Menschen negative Selbstbilder entwickeln. Nur wer beruflich oder durch soziale Funktionen ein Gleichgewicht schaffen kann, wird im Alter zufriedener und selbstbewußter sein. Gerade älteren Frauen, die wegen des Aufbaus einer Familie nicht die Möglichkeit hatten, im Beruf ein Gleichgewicht zu schaffen, zudem, wie bereits ausgeführt, als Frau eher auf ihren Körper verwiesen werden, fällt es schwer, ein positives Selbstbild aufzubauen.

Ein negatives Selbstbild führt im Alter jedoch häufig zu Depressionen, Resignation, Passivität, Isolation oder sogar zu Sucht und Kriminalität (Witterstätter 1994, S. 49). Darüber hinaus sieht Witterstätter im Suizid ein überdurchschnittlich verbreitetes Phänomen bei älteren Menschen. Eine der hauptsächlichen Ursachen sieht er in der narzißtischen Kränkung: Das Ich-Ideal und das reale Selbstbild können nicht in ein als befriedigend erlebtes Gleichgewicht gebracht werden.

Gleichzeitig existiert jedoch auch eine Diskrepanz zwischen dem inneren und dem physischen Selbstbild: Man bleibt subjektiv gesehen weitgehend derselbe Mensch – nur in einem Körper, der älter wird. In diesem Zusammenhang ist auch die Tatsache zu sehen, daß sich lediglich 23% der 70- bis 75jährigen selbst als alt einschätzen.

Dabei unterliegen vor allem Seniorinnen einem gesellschaftlichen Bild, das Lebensfreude, Liebe und Sexualität weitgehend ausschließt. Auch wenn die Darstellung alter Menschen in den Medien seit den 70er Jahren eine positive Entwicklung genommen hat, werden häufig noch pflegebedürftige defizitäre Alte oder rüstige, forsche, starrsinnige und komische SeniorInnen gezeigt. Realistische und differenziertere Charaktere von SeniorInnen sind dagegen eher selten zu sehen.

Was auf diesem Hintergrund in älteren Menschen vor sich gehen kann, belegt das Gedicht einer Seniorin, in dem die Diskrepanz zwischen Selbstbild und Fremdbild besonders deutlich wird:

Elegie

Ich leide an zu großem Herzen,
drin tobt so viel herum.
Schier scheint es mir sehr oft zu bersten,
es bleibt und bleibt nicht stumm.
Ich flehe Gott um Hilfe an,
der kümmert sich nicht drum.

Mein Herz ist groß, mein Herz ist weit,
da stau'n sich, ach du liebe Zeit,
so viele Wünsche, Träume, Sehnen …

Im Leben gab's genug der Tränen,
die ungeweint nach innen flossen.
Ich hab' sie über Bord gegossen,
ins Meer der großen Menschlichkeit.

Du Lebensuhr, du Zeiteinteiler,
halt an und sei ein Glücksverweiler!
Hab Mitleid mit der Kreatur!
Ein wenig Glück und Liebe nur
könnt' ich – mein Herz – noch gut vertragen.
Die Welt herum will's mir versagen:
aus Altersgründen abgemäht,
es sei zu spät.

So konservier' ich nun, betrübt mit Frust,
den ganzen Haufen Lebenslust.

Mein Herz ist groß,
mein Herz ist weit, da stau'n sich,
ach du liebe Zeit …

Irm K.

Die Aussagen älterer Menschen bestätigen, daß viele diese Empfindungen teilen. Welchen Stellenwert diese Empfindungen jedoch besitzen und wie diese Menschen im weiteren damit umgehen, hängt von ihrem grundsätzlichen Selbstbild und ihrer sozialen Umgebung ab.

Die Resignation liegt jedoch oft bei den Jüngeren: Zuschreibungen, die alten Menschen könnten und wollten doch gar nichts mehr bewegen, bewirken, daß Anforderungen auch weniger an SeniorInnen herangetragen werden. Eine Internalisierung dieser Fremdbilder ist beispielsweise bei SeniorInnen zu beobachten, die diese Negativzuschreibungen an Gleichaltrige weitergeben, nicht zuletzt, um sich selbst dagegen abzugrenzen.

Die Betrachtung des Selbstporträts besitzt für ältere Menschen deshalb eine ganz besondere Bedeutung: Hier spiegeln sich die Biographien wider mit allen Schicksalsschlägen, Entbehrungen und Ängsten. Ob jemand ein eher ruhiges oder gesundes Leben führte, ob er auf ein ausgefülltes und befriedigendes Leben zurückblicken kann, ob er akzeptieren konnte, daß er immer älter wurde oder ob er sich ewige Jugend wünschte: All dies prägt die Gesichtszüge eines älteren Menschen. Die Gefühle bei der Betrachtung des Selbstbildes sind demnach davon abhängig, wie jemand zu dem vergangenen Leben steht, ob er sein Leben akzeptieren kann oder ob er lieber von vielem nichts mehr wissen möchte.

Während Jugendlichen bei der Betrachtung des Selbstporträts das Gefühl bleibt, die eigene Identität noch weitgehend beeinflussen zu können, und die weitere Entwicklung noch völlig offen ist, ist das Gesicht von Älteren von einer Endgültigkeit geprägt, die nur noch unwesentlich beeinflußt werden kann. Das Leben aber kann im nachhinein nicht mehr verändert werden. So bleibt nur die Möglichkeit, Vergangenes anzunehmen, sich mit seinem Leben zu versöhnen und zu einer größeren Zufriedenheit zu gelangen. Die Betrachtung des Selbstporträts erfordert deshalb mehr Mut, je älter man ist.

Darüber hinaus bedeutet die Betrachtung des Selbstbildes eine Konfrontation mit dem Lebensabend und dem Tod. Oscar Wilde beschrieb diesen Prozeß in seinem Roman »Das Bildnis des Dorian Gray« sehr anschaulich. Der körperliche Alterungsprozeß wird im Angesicht des Spiegelbildes unweigerlich sichtbar.

Wie im weiteren zu sehen sein wird, ist sowohl die Darstellung von Schönheit als auch die Darstellung von charakteristischen Merkmalen möglich. Eine Identifikation mit normierten Schönheitswerten tritt für ältere Menschen jedoch in den Hintergrund, da diese in unserer Gesellschaft ausschließlich mit Jugendlichkeit assoziiert werden. Der Begriff von Schönheit und Vollkommenheit ändert sich dahingehend, daß Schönheit nun mit Würde, Selbstbewußtsein und Lebenserfahrung einhergeht. Auch das Gesicht eines sehr alten Menschen kann als schön bezeichnet werden, wenn der Glanz in seinen Augen verrät, daß er seine Lebenssituation akzeptiert und er noch Freude im Leben hat, wenn das Gesicht wie ein aufgeschlagenes Buch zum Lesen animiert und uns verrät, daß es dort unzählige Geschichten zu erzählen gibt.

Die Fotopädagogik mit SeniorInnen sollte dazu verhelfen, das Selbstbild anzunehmen. Darüber hinaus bietet die Geselligkeit in der fotopädagogischen Praxis die Möglichkeit, der alterstypischen Isolation entgegenzuwirken.

Aus diesem Grund hat die Gruppenarbeit in einem solchen Projekt eine ganz besondere Bedeutung. Die Erfahrungen zeigen, daß die Gruppensituation hier über die gemeinsame Tätigkeit hinaus dazu genutzt wird, seine Sorgen und Ängste, Kritik und Wut mitzuteilen sowie sich über Lebenseinstellungen und Wertvorstellungen auszutauschen.

Wie wichtig die Gespräche zwischendurch sind, zeigt sich daran, wie stark die Gesprächsinhalte später wieder in die Praxis einfließen und wie sehr sich in der Gruppe langsam Vertrautheit und Freundschaft herausbilden.

Es sollte deshalb in einer solchen Gruppe bei aufkommenden Gesprächen auch nicht dazu gedrängt werden, sich wieder der fotografischen Praxis zuzuwenden. Die Gruppenleitung sollte jedoch darauf achten, daß das Thema »Selbstbild« nicht verlorengeht. Die Erfahrung zeigt, daß SeniorInnen selbst meist das Gespräch im geeigneten Moment zugunsten des Fotografierens abbrechen möchten.

Darüber hinaus ist es sinnvoll, Gruppen von geistig regen und gesunden SeniorInnen und Gruppen verwirrter älterer Menschen nicht strikt voneinander zu trennen, sondern sie zu kombinieren. Dabei ist darauf zu achten, daß ein Gleichgewicht zwischen beiden geschaffen wird, so daß sich einerseits die verwirrten Menschen nicht überfordert fühlen und andererseits die andere Gruppe aufgrund von Verzögerungen und Schwierigkeiten nicht den Spaß an dem Kurs verliert, sondern die schwächeren Mitglieder mittragen kann. Auf diese Weise kann den einen das Gefühl gegeben werden, sich sozial zu engagieren, während die anderen von der Selbständigkeit und der geistigen Klarheit der anderen positiv beeinflußt werden.

Bedeutend ist bei dieser Arbeit auch der geistige Austausch verschiedener Generationen. Für SeniorInnen kann dies bedeuten, den Kontakt zur Außenwelt aufrechtzuerhalten, neue Informationen und geistige Anregungen zu bekommen oder auch in ihren Sichtweisen bestätigt zu werden.

8.2 Beispiel eines fotopädagogischen Prozesses

80% der Alten- und Pflegeheimbewohner sind weiblich (Evers 1994). Vor diesem Hintergrund ist auch die Zusammensetzung der fotopädagogischen Kurse zu sehen, die fast ausschließlich von Seniorinnen besucht wurden. In dem nun beschriebenen Kurs in einem Altenwohnheim ist aus diesem Grund nur von Seniorinnen die Rede.

In der fotopädagogischen Arbeit mit Seniorinnen tritt der entwicklungstechnische Abschnitt zugunsten des Fotografierens und der sprachlichen Reflexion der Fotos in den Hintergrund. Aufgrund gesundheitlicher Einschränkungen älterer Menschen ist die Laborarbeit für die Teilnehmerinnen oft zu anstrengend. Da bei älteren Frauen ferner eine große Hemmschwelle gegenüber technischen Geräten zu überbrücken ist, sollten einfach zu bedienende Kameras oder Polaroid-Kameras verwendet werden. Der zeitliche Rahmen einer Kurseinheit sollte zwei Stunden nicht überschreiten.

In den Kursen mit Seniorinnen war zu beobachten, daß sich die meisten nur zögernd an den fotografischen Prozeß heranwagten. Vor allem das Thema des Selbstbildes ließ viele von Beginn an zurückschrecken: Das fotografische Interesse lag eher im äußeren Lebensbereich. So wurde der Wunsch geäußert, die eigenen kreativen Produkte wie Aquarelle oder Seidenmalereien, Landschaften oder Tiere zu fotografieren.

Die Ängste wurden hier offen geäußert: Die Körperfülle, das Doppelkinn oder vermeintliche Häßlichkeit waren Gründe für die nur zögerliche Bereitschaft, Porträts von sich anzufertigen. Hier waren die Gruppe und die damit verbundene Kommunikationsmöglichkeit Motivation, sich dennoch darauf einzulassen. War die erste Hemmschwelle überwunden, nahmen die Kurse meist einen positiven Verlauf.

Frau A., 76 Jahre alt, betonte von Beginn an, daß sie an Porträts nicht interessiert sei und andere Dinge fotografieren wolle. Ursprünglich nur hinzugekommen, um zuzusehen, ließ sie sich jedoch bald von einer Freundin dazu überreden, sich fotografieren zu lassen. Ihre Form der Darstellung hatte sehr bald weniger zum Ziel, sich *schön* zu zeigen, sondern zielte auf ihre typischen Gesten und ihre charakteristische Mimik ab. Unterstützt wurde dies durch die anderen Gruppenmitglieder: »Ja, so kenne ich Frau A., und normalerweise macht sie jetzt ...« Und schon war man bei der nächsten Aufnahme.

In der Auswertung der fertigen Bilder betonte Frau A. wieder ihr Mißfallen hinsichtlich ihrer Körperfülle. Im Verlauf des weiteren Gruppengesprächs entrüsteten sich die übrigen Teilnehmerinnen jedoch über diese negative Einschätzung und betonten, Frau A. sei für sie nicht dieselbe liebenswerte Person, wenn sie anders aussehen würde. Sie assoziierten mit ihrem Auftreten Lebendigkeit, Dominanz und Geborgenheit. Sowohl Frau A.s Körperlichkeit als auch die charakteristischen Gesten seien Ausdruck ihrer *Einzigartigkeit*. Die Einstellung der Gruppe, der Mensch sei erst in seiner Einzigartigkeit schön, nicht aufgrund normierter und modischer

Schönheitsvorgaben, entlastete die Teilnehmerinnen auch im folgenden von dem Anspruch, besonders schöne und vollkommene Fotos von sich erhalten zu wollen. Diese Atmosphäre trug dazu bei, das Selbstbild zu akzeptieren und sich gegenseitig besser kennenzulernen. Die Gruppe entwickelte so ein sehr warmes und harmonisches Klima, in dem Freundschaften bekundet und gefestigt werden konnten.

Eine andere Teilnehmerin, Frau B., 90 Jahre alt, machte es einfach Freude, an dem Kurs teilzunehmen, ohne dabei ergebnisorientiert zu sein. Sie motivierte die Neugierde auf eine ihr bis dahin fremde Tätigkeit und Freude an der Geselligkeit. Ihre Hemmung, den ihr fremden Fotoapparat zu bedienen, war größer als die Hemmung, fotografiert zu werden. Trotzdem überwand sie sich dazu und fand Gefallen daran.

Bei der Auswahl der Fotos, die vergrößert werden sollten, zog sie sich zurück und bemerkte: »Ach, wozu soll ich denn noch Bilder von mir haben.« Sie hatte offensichtlich ihren Lebensabend angenommen. Materielle Dinge spielten in ihrem Leben kaum mehr eine Rolle. Trotzdem schien sie mit sich und ihrer Situation zufrieden, wohl nicht zuletzt deshalb, weil sie Freundinnen gefunden hatte, in deren Gegenwart sie sich geborgen fühlen konnte. Als sie am Ende des Kurses mehrere Porträts von sich bekam, freute sie sich dennoch.

Die 75jährige Frau C. war in ihrem Engagement und ihrer Kreativität eher untypisch im Vergleich mit ihren Altersgenossinnen. Sie soll jedoch hier herausgestellt werden, da sie in eindrucksvoller Weise Möglichkeiten aufzeigte, den fotopädagogischen Prozeß in diesem Alter positiv für sich zu nutzen.

Frau C. versuchte sofort, verschiedene Idealbilder von sich auszuprobieren (Abb. 58a–d), Selbstbilder nachzustellen, die sie in ihren Wünschen immer hatte, aber aus ihrer Sicht nie verwirklichen konnte. So verkleidete sie sich mit einer schwarzen Perücke und bemerkte dazu: »Ich wollte immer schwarze, lange Haare haben. Mal sehen, wie ich damit aussehe.« Darüber hinaus versuchte sie, die Ausdrucksmöglichkeiten ihrer Mimik zu erforschen und abzubilden. »Jetzt will ich böse aus-

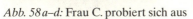

Abb. 58 a–d: Frau C. probiert sich aus

sehen«, »Jetzt will ich verrucht aussehen«, »Jetzt möchte ich sexy aussehen, das habe ich früher nie getan«.

Sie experimentierte mit Lichtreflexen, spiegelnden Materialien und Schattenwirkungen. So bestand sie während einer Porträtaufnahme darauf, den Schatten, den ihr Körper auf der Hintergrundleinwand warf, zu verstärken: »Ich möchte gerne mal einen Schatten haben.« Im Gegensatz zu den Wünschen weiblicher Jugendlicher aber bestand sie daneben auf einer Darstellung, die frei von Inszenierung und künstlerischer Verfremdung war: »Jetzt möchte ich mich so haben, wie ich bin.«

Es wurde hier deutlich, wie der fotografische Prozeß die

Möglichkeit dazu bietet, im Alter Dinge nachzuholen, zu denen man vorher nicht die Möglichkeit hatte.

Von dem fotografischen Ergebnis war Frau C. selbst überrascht: »Ich bin ja gar nicht so häßlich, wie ich immer dachte.«

Frau D., die dem Kurs sehr mißtrauisch gegenüberstand, nahm nur in sehr eingeschränktem Maß daran teil, zog sich schnell zurück oder fehlte ganz. Daß auch sie jedoch durchaus in der Lage war, während des Fotografierens aus sich herauszugehen, zeigt die Abbildung 59: Während sie auf den ersten beiden Bildern noch eher kritisch und abwägend in die Kamera sieht, entschließt sie sich beim dritten Bild dazu, sich einer Porträtaufnahme offen gegenüberzustellen.

Zu Beginn einer jeden Kurseinheit wurden die Bilder des letzten Males betrachtet und besprochen. Dabei wurden Schönheitsvorstellungen von heute mit denen von früher verglichen, es wurde Kritik geübt, man tauschte sich über indivi-

Abb. 59 a–c: Porträts von Frau D.

duelle Vorstellungen aus, was Schönheit bedeuten könne, und erlebte während der Betrachtung der Bilder, wie stark die eigene Sichtweise von gesellschaftlichen Normen geprägt ist. Durch diesen Prozeß entwickelte sich bei den Teilnehmerinnen ein größeres Selbstbewußtsein, die eigene Sichtweise zu vertreten. Dies hatte ein müheloseres und selbstsicheres Annehmen des eigenen Selbstbildes zur Folge. Viele Themen fanden auf diese Weise Eingang in das Gespräch: der Vergleich der Lebensweisen junger und älterer Menschen, jung und alt sein früher und heute, Konsumverhalten, Politik, Gesundheit u. v. a. m.

8.3 Falldarstellung

Die folgende Falldarstellung beruht auf Erfahrungen, die Fellmy (1993) in ihrer Arbeit mit verwirrten älteren Menschen gewinnen konnte.

Die verschiedenen fotopädagogischen Projekte mit verwirrten alten Menschen zeigen, daß auch mit diesen SeniorInnen besondere Arbeit geleistet werden kann. Unter Verwirrung ist hier eine *räumliche, zeitliche und situative Orientierungsstörung* zu verstehen. Dieser Zustand zeigt sich darin, daß sich ein Mensch nicht mehr in den ihm bekannten Räumlichkeiten zurechtfindet, sein Zeitgefühl eingeschränkt ist, er die eigene Situation nicht mehr in einen sinnvollen und realen Zusammenhang bringen kann oder er andere Menschen nicht mehr wiedererkennt.

Eine der Ursachen dieser verwirrten Zustände ist oft der unfreiwillige Aufenthalt in einem Altersheim: 60% sind von einer Zwangsumquartierung in ein Heim betroffen. Auch wenn sich ältere Menschen nicht mehr selbst ausreichend versorgen können, so fällt es doch vielen schwer, sich freiwillig von den oft über Jahrzehnte hinweg gewohnten Lebensräumen und Gewohnheiten zu trennen. Die fehlende Bereitschaft verhindert häufig eine Anpassung an die neue Umgebung.

Frau E.

Die 76 Jahre alte Frau E. entwickelte nach dem Tod ihres Mannes Sprach- und Gedächtnisstörungen sowie paranoide Verhaltensformen. Mit der Diagnose »senile Demenz« wurde sie daraufhin in einem Altersheim untergebracht, in dem sie sich zum Zeitpunkt des fotopädagogischen Projektes bereits zwei Jahre aufhielt.

Eine nähere Beziehung konnte sie lediglich zu einer Mitbewohnerin aufbauen, während sie darüber hinaus Kontakte vermied und sich auffallend angepaßt verhielt. Ihr nur schwach ausgeprägtes Selbstbewußtsein verhinderte, eigene Wünsche zu äußern und über ihre Gefühle sprechen zu können. Frau E. litt offensichtlich unter ihrer Lebenssituation.

Ziele in der fotopädagogischen Arbeit mit Frau E. waren die Förderung der Konzentration, der Wahrnehmung, des Selbstvertrauens sowie der räumlichen und zeitlichen Orientierung.

Um eine *räumliche Orientierungshilfe* zu schaffen, ließ Fellmy Frau E. zuerst die Gegenstände fotografieren, die sie in ihrem Zimmer umgaben. Die fertigen Fotos ließ sie die Teilnehmerin in der Reihenfolge auslegen, in der sie aufgenommen worden waren, und forderte sie auf, diese Dinge wiederzufinden. Schritt für Schritt ließ sie Frau E. danach auf diese Weise die Räumlichkeiten der Institution sowie der nahen Umgebung fotografieren.

Im Laufe mehrerer Wochen lernte Frau E. so, die Gegenstände und Räumlichkeiten zu erkennen, zu bezeichnen und wiederzufinden. Das Fotografieren und Zuordnen der Fotos verhalf Frau E. dazu, sich in der Folge besser an ihrem Wohnort zurechtzufinden.

Während der gemeinsamen Betrachtung der Familienalben von Frau E. wurde deutlich, daß sie sich auffallend gut an ihren Heimatort und damit verbundene Erfahrungen erinnern konnte. Gleichzeitig fiel auf, daß sie in diesem Zusammenhang zu einem besseren sprachlichen Ausdruck fähig war. Diese

Tatsache benutzte Fellmy als Ansatz zur Förderung der *zeitlichen Orientierung*.

Sie legte Frau E. selbstangefertigte Porträtfotos vor, die unterschiedliche Gefühlsausdrücke zeigten, und veranlaßte Frau E. dazu, die Gefühle zu identifizieren und zu jedem Ausdruck eine kleine Geschichte zu erzählen. Auf diese Weise konnte die Seniorin über Erlebnisse berichten, die sie besonders beeindruckt hatten. Anschließend ließ Fellmy sie diese Mimik vor der Kamera selbst nachstellen. Es stellte sich heraus, daß Frau E. sich hauptsächlich an weit zurückliegende Erlebnisse erinnern konnte. An die Zeit nach dem Tod ihres Mannes dagegen konnte sie sich kaum noch erinnern.

Die so entstandenen Fotos legte sie Frau E. wiederum vor, nun mit der Bitte, zu einzelnen Fotos Geschichten aus ihrer aktuellen Lebenssituation zu erzählen, was ihr auf dem Hintergrund der vorhergegangenen Übungen nun etwas leichter fiel.

Diese Methode trug dazu bei, daß Frau E. mit der Zeit lernte, einen zeitlichen und emotionalen Zusammenhang zwischen ihrer Vergangenheit, der Gegenwart und ihrer Person herstellen zu können. Der emotionale Bezug weckte in Frau E. das Bedürfnis, sich sprachlich mitteilen zu können.

Frau E. hatte nie gelernt, Wut und Trauer zu zeigen. Der Wut ihres Vaters hatte sie bereits als Kind nichts entgegensetzen können: »Das war eben so. Was der Vater sagte, mußte getan werden ...« Auf die Trauer um ihren verstorbenen Mann hatte sie ähnlich reagiert mit der Einstellung: »Auch das geht vorbei.« Ein weiterer Kursabschnitt stand deshalb unter dem Thema »Konfliktlösung«.

Der Schwerpunkt des mimischen Ausdrucks wurde hier auf die Darstellung dieser beiden Gefühle gelegt. In der spielerischen Wiedergabe gewann Frau E. Freude auch an den Gefühlen, deren Ausdruck sie in ihrem sonstigen Leben als ungehörig ansah. Sie schnitt Fratzen, schimpfte zur Kamera hin und entwickelte dabei eine Energie, die sonst nur selten bei ihr zu beobachten war. Die anschließende Betrachtung der Fotos erschreckte sie anfangs, bis sie später in der Lage dazu war, auch

einmal über diese Bilder lachen zu können. Parallel zur fotografischen Auseinandersetzung wurde im Heimalltag darauf
geachtet, Frau E. in der Äußerung ihrer Gefühle zu unterstützen.

Um darüber hinaus eine *situative Orientierungshilfe* zu ermöglichen, fotografierte Fellmy im folgenden Frau E. während verschiedener hauswirtschaftlicher Tätigkeiten, die sie
im Heim verrichtete. In der darauf folgenden Auseinandersetzung mit diesen Bildern konnten die Geschehnisse so noch
einmal erlebt und zugeordnet werden. Während sie vorher
viele ihrer eigenen Handlungen vergaß, verhalf ihr die Visualisierung ihrer eigenen Tätigkeit dazu, sich besser an diese Be-
schäftigungen zu erinnern. Sie sammelte und ordnete diese
Fotos der Reihenfolge nach in einem Album, das ihr für eine
spätere Überprüfung der Ereignisse diente. Im weiteren Verlauf des Projektes veranlaßte sie Frau E. dazu, während festli-
cher Anlässe sowie Besuchen von Verwandten zu fotografieren.

Nach mehreren Monaten war festzustellen, daß Frau E.
selbstbewußter auftrat, Zusammenhänge eher erkennen und
sich an ihrem Wohnort deutlich besser zurechtfinden konnte.
Ihre Sprachfähigkeit konnte jedoch nur unwesentlich verbessert werden, während sich ihr mimischer und gestischer Ausdruck verstärkt hatten. Zu ihrer positiven Entwicklung hatte
sicher ebenfalls die persönliche Zuwendung, die sie in dieser
Zeit erfahren konnte, beigetragen.

8.4 Typische Darstellungsformen

Die Mutter

Die Rolle der Mutter ist Teil einer lebenslangen Erfahrung
dieser Frauen. Grundlegender Bestandteil dieser Rolle ist das
Spenden von Wärme und Geborgenheit, das auch in diesen
Bildern immer wieder sichtbar wird.

Abb. 60/61: Mutter

Die Geste, mit der die Seniorin in Abb. 60 einen Hund im Arm
hält, ist identisch mit der Art und Weise, wie eine Mutter ihr
Baby hält. Die Körperhaltung drückt auch hier Zuwendung
und Fürsorge aus.

Andere Aufnahmen visualisieren die typische Haltung gegenüber Kindern: Auch wenn der junge Mann auf dieser Abbildung lange kein Kind mehr ist, ist er aus der Sicht der Seniorin noch so jung, daß sie sich wie zu einem Kind herunterbeugt (Abb. 61).

Auch die Gruppenaufnahmen machten den beschützenden und fürsorglichen Aspekt in der Körperhaltung, Gestik und Mimik deutlich. So legte eine Frau einer anderen den Arm um die Schultern oder eine Hand auf die einer Freundin, sie wendeten sich einander zu und bezeugten so Zuneigung und das Gefühl, zusammenzugehören.

Die Diva

Diese Darstellung erinnert an Aufnahmen älterer Filmschauspielerinnen. Sie belegt, daß auch im Alter Schönheit und Sinnlichkeit sichtbar vorhanden sind. Älteren Frauen, die in diesem Alter noch in dieser Weise ihrem Lebensgefühl Aus

Abb. 62: Diva

druck verleihen, wird in unserer Gesellschaft oftmals exzentrisches Verhalten und eine Überbewertung der eigenen Person nachgesagt. Während dieses Verhalten von Künstlerinnen im Rahmen einer gewissen Narrenfreiheit als legitim angesehen wird, stößt es von Frauen, die nicht diese gesellschaftliche Position innehaben, häufig auf Ablehnung und Spott.

Viele ältere Frauen gestehen es sich deshalb nicht mehr zu, sich um eine anziehende äußere Erscheinung zu bemühen, sondern verlieren das Gefühl für ihre Körperlichkeit. Oftmals wird dies von den Frauen selbst als Erleichterung empfunden, sich nun nicht mehr den gesellschaftlichen Schönheitsvorstellungen anpassen zu müssen.

Die Freundinnen

Auch die Rolle der Freundin ist eine lebenslange Erfahrung. Freundinnen tuscheln, tauschen Geheimnisse aus, helfen sich gegenseitig und suchen bei der anderen Rat. Der Austausch findet dabei auf einer Ebene der Gleichberechtigung statt.

Abb. 63: Freundinnen

Die Weise

Die weise alte Frau hat viel vom Leben gesehen und bewahrt diese Erfahrungsschätze in sich auf, ohne sie nach außen tragen zu müssen. Sie wird erst dann von sich erzählen, wenn es ihr wichtig erscheint. Dabei wird sie eher auf Fragen anderer hin Auskunft geben als aus eigenem Bedürfnis sprechen, denn die weise Alte ist durch Bescheidenheit geprägt. Gleichzeitig denkt sie über vieles nach, um das Erfahrene zu reflektieren und geistigen Gewinn daraus zu ziehen. Sie wägt ihr Handeln gut ab und wird erst dann handeln, wenn sie fest von dem Sinn und der Richtigkeit ihres Vorhabens überzeugt ist. Gleichzeitig ist sie nach außen hin offen, nimmt neue Aspekte wahr und bereichert so ihr Wissen unaufhörlich. Die weise Alte taucht in unserer Gesellschaft fast nur noch in Märchen auf.

Abb. 64: Weise

Zusammenfassung

Die Konfrontation mit dem Selbstbild gewinnt innerhalb der fotopädagogischen Arbeit mit SeniorInnen eine besondere Bedeutung. Der technische Entwicklungsprozeß tritt aufgrund gesundheitlicher Einschränkungen dahinter zurück.

Mit dieser fotopädagogischen Arbeit soll bewirkt werden, daß die älteren Menschen ihre Vergangenheit bilanzieren, akzeptieren und in ihre gegenwärtige Lebenssituation integrieren. Darüber hinaus kann Fotopädagogik helfen, den Lebensabend sowie den Tod in der Zukunft als Tatsache anzunehmen. Verwirrten älteren Menschen kann auf diese Weise eine Orientierungshilfe vermittelt werden, die sie in grundlegenden Fähigkeiten zur Bewältigung des Alltags unterstützt.

Typische Darstellungsformen, die sich bei Seniorinnen finden, sind die Figur der Mutter, der Diva, der Freundin und der Weisen.

9. Weitere fotopädagogische Ansätze

Fotopädagogische Arbeit ist in fast jeder Zielgruppe möglich. Dies zeigen die Praxiserfahrungen aus der Arbeit mit Drogensüchtigen, Kindern, SeniorInnen, psychisch Erkrankten, Behinderten und Jugendlichen, die im Rahmen der Fachhochschule für Sozialpädagogik innerhalb der Fotopädagogikseminare unter der Leitung von Herrn Professor A. Dost in Köln erworben werden konnten, verschiedene andere Projekte, sowie die Erfahrungen, die ich selbst im Laufe der Zeit sammeln konnte.

Im Gegensatz zu anderen Projekten steht hier die Konfrontation mit dem Selbstbild und damit die Selbstreflexion im Vordergrund. Die in diesem Buch beschriebenen Methoden basieren auf den Grundlagen dieser Form der Fotopädagogik. Es gibt einige Einzelprojekte, die von Volkshochschulen, Vereinen oder einzelnen PädagogInnen und KünstlerInnen ausgehen, die über das Erlernen der Technik hinausgehen und Selbstreflexionsprozesse mit einbeziehen. Einige Beispiele will ich im folgenden aufführen:

- Die *Volkshochschule Recklinghausen* veranstaltete 1991 ein Fotoprojekt unter dem Thema »Liebe, Freundschaft, Sexualität«. Hier wurde Mädchen und jungen Frauen die Gelegenheit gegeben, die grundlegende Technik der Fotografie zu erlernen und unter dem gegebenen Thema zu fotografieren. Währenddessen tauschten sie ihre Erfahrungen, Gedanken und Assoziationen in einem Gesprächskreis aus. Innerhalb dieses einwöchigen Projektes entstanden

Schnappschüsse und inszenierte Bilder. Dort, wo ein Mann zur Inszenierung fehlte, wurde er von Mädchen »gespielt«. Festgehalten wurden Sonnen- und Schattenseiten der Liebe, Einsamkeit und Zärtlichkeit, Alltag und Traum. Die abschließende Reflexion ergab, daß der Anspruch der Mädchen an ihre eigenen Arbeiten recht hoch war und sie die eigenen Fotos sehr kritisch betrachteten. Sie wollten keine reinen Abbilder, sie wollten zum Nachdenken anregen. »*Ich wollte lieber sowas fotografieren, wo man nicht sofort denkt, das ist Liebe. Ich wollte mehr das fotografieren, wo man erst im zweiten Moment denkt, daß es ja auch mit Liebe zu tun hat*« (Bültman 1991, S. 35).

Anfangs wurde spontan fotografiert. Erst danach begann das Arbeiten mit Arrangements. Die Mädchen äußerten nach Ablauf des Projektes, differenzierter wahrzunehmen als vorher (vgl. ebd., S. 33 ff.).

– Die Pädagoginnen des *IB Mädchentreff Frankfurt* veranstalteten 1992 eine Fotowerkstatt für Mädchen zwischen 13 und 18 Jahren, in der es um Porträtfotografie als Möglichkeit der Selbstdarstellung und Selbstinszenierung ging. Ausgehend von der Vermittlung der Technik, stand dieses Projekt unter dem Thema, das für Mädchen diesen Alters typische negative Selbstbild zu überprüfen und zu korrigieren. Durch Experimente mit Mimik, Gestik, Körperhaltung und Verkleidung sollte hier Rollenverhalten geübt und reflektiert werden. Stimmungen und Eigenarten sollten aus einem neuen Blickwinkel erfaßt werden.

– *Karin Günther-Thoma* (1989) führte ein Fotopädagogikprojekt im Frankfurter Frauengefängnis Preungesheim mit einer Gruppe von fünf bis sieben Frauen durch. Es war Bestandteil eines bereits seit 1972 unter dem Titel »Themenzentrierte Fotografie« laufenden Fotoprojektes in diesem Gefängnis. Die Ergebnisse wurden anschließend in einer Ausstellung unter dem Titel »Morgen ist wieder ein Tag, leider derselbe« präsentiert.

Auch hier wurde die Technik von Grund auf erlernt. In diesem Projekt schien es wichtig zu sein, für einzelne vorteilhaft wirkende Fotos von sich zu erhalten, da dies für das defizitäre Selbstbewußtsein der Frauen als hilfreich empfunden wurde.

Es entstanden Selbstbilder, die die individuelle Situation im Gefängnis eindrucksvoll symbolisierten und reflektierten. Sehnsucht nach körperlicher Nähe und Zuwendung sowie das Bedürfnis, die Mauern der Anstalt frei verlassen zu können, waren Inhalt der entstandenen Fotos. Darüber hinaus wurde das Gefühl der Gemeinsamkeit durch die zusammen erlebte Isolation Grundlage vieler Fotos.

Im Rahmen der Selbstdarstellung fotografierten sich die Frauen gegenseitig. Die Fotos dienten im Anschluß als Kontaktmittel nach draußen, wurden verschenkt und verschickt.

– Die Fotografin und Pädagogin *Inge Jacob* (1989) veranstaltete verschiedene Fotokurse in Jugendbildungsstätten, Universitäten sowie im Zusammenhang mit Frauenwochen und Workshops. Dabei war die Selbstdarstellung und Selbstreflexion auch in diesen Kursen zentraler Bestandteil. Unter dem Thema »Frauenbilder – Bilderfrauen« wurde über die Frau vor und hinter der Kamera reflektiert. Dabei wurden typische Frauenrollen inszeniert, z. B. »Ich als Hausfrau«.

Inhalte dieser fotopädagogischen Arbeit waren: Angst und Lust, fotografiert zu werden, die Interaktion zwischen Modell und Fotografin, Arrangieren, Dominieren, Manipulieren, Angst vor der Technik und gemeinsames Arbeiten.

Parallel zu diesen feministisch ausgerichteten Projekten veranstaltete sie weitere Kurse, in denen Männer und Frauen die »sogenanne objektive Technik mit subjektiven Möglichkeiten der Selbsterforschung verbinden konnten« (ebd.).

– Die *Akademie Remscheid*, bundeszentrales Fortbildungsinstitut für kulturelle Jugendbildung, gegründet 1958, bietet neben vielen anderen Bereichen Fortbildungsangebote für den Bereich Fotografie an.

– Die Remscheider *Bundesvereinigung Kulturelle Jugendbildung (BKJ)* ist ein Zusammenschluß von 28 bundesweiten Fachorganisationen und Institutionen der kulturellen Jugendbildung und sechs Landesvereinigungen. Die BKJ legt den Schwerpunkt auf die außerschulische kulturelle Bildung.

– Das *Kinder- und Jugendfilmzentrum,* ebenfalls in Remscheid, veranstaltet seit 1961 jedes Jahr den »Deutschen Jugendfotowettbewerb«.

Die drei zuletzt genannten Organisationen unterstützen u. a. Projekte mit diesen bisher genannten fotopädagogischen Ansätzen. Informationen hierzu sind anzufordern unter dem jeweiligen Namen der aufgeführten Vereine, Küppelstein 34, 42857 Remscheid.

– Bereits seit 1976 erarbeitet die von Beuys beeinflußte Künstlerin *Ingeborg Lüscher* mit Freunden, Nachbarn und Künstlern »Zaubererfotos«. Dabei führt sie die entsprechende Person an einen Ort, der ihrer Ansicht nach der jeweiligen Persönlichkeit entspricht. Erst auf dem Weg dorthin bittet sie die Person, für die Dauer von 18 Aufnahmen vor der Kamera zu zaubern, wobei sie immer die gleiche Formulierung wählt: »Bitte zaubere, was immer das für Dich in diesem Augenblick bedeutet« (Lüscher 1996, S.92). Von den 18 Aufnahmen wählt sie später 9 Bilder aus, die sie zu einer Serie in 3 Dreierreihen in der Abfolge ihrer ursprünglichen Entstehung montiert. Sie machte die Erfahrung, daß das Thema »Zaubern« keine Fotografierposen und Darstellungsweisen nach üblichen Vorbildern provoziert, sondern zur individuellen, freien Selbstdarstellung motiviert. »Man ist ganz und gar für sich allein zurückgeworfen« (ebd., S. 92). »Was tun die Menschen? Sie tun einfach alles. Und jeder tut es auf seine Weise, unverwechselbar« (ebd., S. 94).

Es entstanden Bildserien, in denen eine Frau Blumen gießt oder ein Kind gebärt, in denen Künstler malen oder sich scheinbar durch Elektrizität Energie zuführen. Der eher scheue Künstler Walter de Maria deligierte sein Erscheinungsbild an eine Katze, die zu locken sei. Lüscher motivierte auf diese Weise bisher über 300 Menschen, sich frei von Klischees und Schönheitsidealen mit der eigenen Persönlichkeit auseinanderzusetzen.

Darüber hinaus gibt es einige fotopädagogische Vereine und einzelne Seminare, deren Ansätze sich jedoch im wesentlichen von den vorherigen darin unterscheiden, daß die Wahrnehmung auf die Außenwelt gerichtet ist und technische Fähigkeiten stärker betont werden.

– Andreas *Markert* und Simone *Rießlinger* (1996) berichten über ein Fotoseminar in einem niedersächsischen Jugendhof mit geistig und/oder körperlich Behinderten, in dem lebenspraktische Bezüge im Vordergrund standen. Schwerpunkt bildete hier die Auseinandersetzung mit der Beziehung zu den Vorgesetzten und KollegInnen des Arbeitsplatzes. Der entwicklungstechnische Prozeß war Teil des Seminars. Auch hier stellten die AutorInnen fest, daß bei den TeilnehmerInnen eine Steigerung der Selbstsicherheit und des Selbstwertgefühls zu beobachten war, die sich nicht zuletzt aufgrund der Erfolgserlebnisse entwickelte. Die Beteiligten erfuhren, daß sie sowohl in der thematischen Umsetzung als auch im technischen Bereich Kompetenzen erwerben konnten.

– Die *Rheinische Arbeitsgemeinschaft für Fotografie und Film e.V.*, die 1965 gegründet wurde, setzt sich zur Aufgabe, Berufstätige in der kulturellen Jugendbildung in fotopädagogischen Techniken auszubilden. Dabei wird hier unter Fotopädagogik verstanden, mit Hilfe des fotografischen Mediums sehen zu lernen, zu entdecken und kritisch zu beobachten.

Inhalte dieser fotopädagogischen Arbeit sind beispielsweise »Multiplikatorenschulung«, Projekte in der Jugendarbeit, Fotografie als Kommunikationsmittel in der Behindertenarbeit, die Herstellung von Schülerzeitschriften, die Anfertigung eines Siebdrucks von einem Foto und die Vermittlung der grundlegenden technischen Fähigkeiten. Informationen und Programme sind anzufordern bei: RAG Geschäftsstelle, Kaesenstraße 8, 50677 Köln.

Außerdem gibt es Landesarbeitsgemeinschaften, eine weitere Rheinische und eine Westfälische Arbeitsgemeinschaft für Fotografie, die ähnliche Ansätze verfolgen.

– Um diese Einzelaktivitäten zu vernetzen und um einen Austausch zwischen den einzelnen Veranstaltern zu ermöglichen, wurde 1984 der *Arbeitskreis Jugendphotographie und Photopädagogik International (AJPI)* gegründet. Er ist ein Zusammenschluß von haupt- und nebenberuflich aktiven MedienpädagogInnen sowie von Amateur- und BerufsfotografInnen.

Schwerpunkt der Arbeit des AJPI ist die Organisation und Publikation von Foto-Fortbildungsveranstaltungen. Dabei orientieren sich die Programme hauptsächlich an der pädagogischen Arbeit mit Jugendlichen im Bereich Schule, Freizeitpädagogik und Aus- und Weiterbildung. Mitglieder des Vereins sind Dozenten, Lehrer und Kulturvereine mit fotopädagogischem Schwerpunkt. Die meisten der angebotenen Kurse sind jedoch ausschließlich auf das Erlernen technischer und gestalterischer Fähigkeiten ausgerichtet. Weitere Informationen sowie eine Fotoinfothek-Datenbank auf Diskette können beim AJPI selbst angefordert werden: AJPI – Geschäftsstelle, Postfach 94015, 60459 Frankfurt.

10. Fototherapie

In Amerika hat sich die Fototherapie bereits seit Mitte der 70er Jahre etabliert. Das »*Institute for Psychosocial Applications of Video and Photography*« der Universität Houston in Texas oder die »*International Phototherapy Association, Inc.*«, die regelmäßig ihre Ergebnisse in der Zeitschrift »*Phototherapy*« veröffentlicht, sind hierfür Belege. In Vancouver eröffnete Judy Weiser das »*Photo Therapy Centre*«, an dem sie Therapeuten den Gebrauch der Fotografie als therapeutisches Medium lehrt und selbst als Fototherapeutin arbeitet. Jerry L. Fryrear, Kodirektor des genannten Instituts der Houstoner Universität, und Judy Weiser berichten in diesem Zusammenhang am umfassendsten über ihre Arbeit.

Es gibt in Amerika unzählige Veröffentlichungen über verschiedenste Techniken der Fototherapie. Einige dieser Konzepte schließen die zusätzliche Verwendung von Videoaufzeichnungen oder die Dunkelkammerarbeit als Medium mit ein. *Judy Weiser* (1983, 1993) und *Alan D. Entin* (1983) entwickkelten Therapieformen, die die Arbeit mit Schnappschüssen und Familienalben in den Mittelpunkt stellen, *Jerry L. Fryrear* (1983, 1992) und *Irene E. Corbit* (1992) verbinden Foto- und Kunsttherapie auf der Grundlage der psychologischen Erkenntnisse von C. G. Jung, *Robert I. Wolf* (1983) widmet sich der Fototherapie mit Kindern und Jugendlichen, wobei er ausschließlich mit einer Sofortbildkamera arbeitet.

Es wurden Therapien für spezielle Klientengruppen entwickelt, u. a. für Schizophrene, Mißbrauchsopfer oder für jugendliche Straftäter. Daneben entwickelten sich Programme, die sich an den Rahmenbedingungen des therapeutischen Settings orientieren: Hier wird berücksichtigt, ob die Therapie in einer Klinik, in einem Heim, einer Tagesstätte oder in einer Praxis stattfindet.

Um eine schnelle Verfügbarkeit der Fotos zu gewährleisten, werden in der Fototherapie meist »Polaroid«- oder »Kodak Instamatic«-Kameras verwendet.

Im Gegensatz zur Fotopädagogik, in der der entwicklungstechnische Prozeß integraler Bestandteil ist, wird er in den fototherapeutischen Theorien nur am Rande erwähnt. Alle fototherapeutischen Ansätze stimmen jedoch darin überein, daß sie die Konfrontation mit dem Selbstbild in den Mittelpunkt stellen. Unterschiedlich ist hierbei nur, in welcher Form das Selbstbild gestaltet wird.

Grundlage einer Fototherapie sind Porträts, Selbstporträts, Postkarten oder Fotos aus Zeitschriften. Sowohl selbstangefertigte Fotos als auch gesammelte Fotos anderer, Poster oder Postkarten geben immer Aufschluß über die Person, die sie gemacht oder gesammelt hat. Die Auseinandersetzung mit der Frage, warum diese Bilder aufbewahrt wurden, läßt Einblick in die Welt des Klienten zu.

Der Mensch entwickelt im Verlauf seines Lebens eine Reihe von Selbstkonzepten, die auf seiner biologischen, psychischen und sozialen Situation basieren. Dazu gehören das Bewußtsein, zur Spezies »Homo sapiens« zu gehören, die geschlechtliche Kategorie, die Staatsangehörigkeit, die Zugehörigkeit zu einer bestimmten Berufsgruppe, Familienstand oder soziales und kulturelles Milieu. Diese Selbstkonzepte sind jedoch keine statischen Gebilde, sondern verändern sich ständig. Dabei verändern sie sich in bestimmten Lebensabschnitten wie beispielsweise der Pubertät in der Regel stärker als im Alter. Die Flexibilität ist darüber hinaus individuell unterschiedlich. Während manche Menschen eine große Flexibilität und Anpassungsfähigkeit in bezug auf Lebensverhältnisse aufweisen, zeigen andere Menschen eine starre, rigide Selbstkonstruktion, die nur schwer in der Lage ist, sich an persönlichen Lebensverhältnissen zu orientieren. Gerade hier kann es zu Unstimmigkeiten zwischen realer Welt und der individuellen Selbstkonstruktion kommen, die zu sozialen Schwierigkeiten, psychischen Beeinträchtigungen und Realitätsverlusten führen können.

Einhergehend mit der Konstruktion eines Selbstkonzeptes, entwickelt sich die Selbstachtung eines Menschen. Diese eigene Einschätzung zeigt sich in der Bewertung seiner äußeren Erscheinung und seiner individuellen Fähigkeiten.

Durch Fotografie in der Psychotherapie können Selbstkonzepte und Selbstwertgefühl des Klienten visualisiert werden. Der Klient wird befähigt, über seine subjektive und objektive Perspektive hinaus eine dritte Perspektive einzunehmen: Er kann sich als Beobachter auf einer *Metaebene* studieren. Da es für die meisten Menschen schwer ist, aus der individuellen Perspektive herauszutreten, hilft der Therapeut dem Klienten, diese dritte Position zu erreichen. In dieser Position ist es möglich, Selbstreflexion zu üben und Veränderungen im Selbstkonzept und der Selbstachtung zu bewirken.

Die Selbstbilder werden nach zwei Kriterien bearbeitet: Zum einen steht die dargestellte Person alleine im Mittelpunkt der Betrachtung. Dabei stehen Fragen im Vordergrund wie »Wer bin ich?«, »Was fühle ich bei der Betrachtung meines Selbstbildes?«, »Wie würde ich mein Porträt verändern, wenn ich dies könnte?« usw. Das zweite Kriterium ist die Beziehung der dargestellten Persönlichkeit zu anderen Menschen. Hier ist die Fragestellung »Wer sind wir?«, »Wie geht es mir in den dargestellten Beziehungskonstellationen?«, »Wie würde ich die Beziehungen ändern, wenn ich dies könnte?« usw.

Ausgehend von einem angeblich hohen Realitätsgehalt eines Fotos, können Bewußtwerdungsprozesse in Gang gesetzt werden. Durch die Konfrontation mit dem Selbstporträt kann eine Selbsteinschätzung verändert und korrigiert werden. Narzißtische Störungen, die sich durch gleichzeitige Gefühle von Grandiosität und Minderwertigkeit auszeichnen, können relativiert werden, was zu einem stärkeren Gleichgewicht des Selbstbildes führen kann. In der klinischen Arbeit mit psychotischen Patienten können Fotos zur Erstellung einer Diagnose beitragen und darüber hinaus durch die Konfrontation mit dem spezifischen Krankheitsausdruck beim Patienten Veränderungen bewirken.

Weiterhin ist es möglich, eine Annäherung an eine Wunschvorstellung des Selbstbildes zu bewirken. Der Klient versucht, seinem positiveren »Spiegelbild« zu entsprechen, und gelangt somit in einen therapeutischen Prozeß. Ein gestörtes Selbstbild kann so wieder aufgebaut werden.

Auf nonverbale Weise werden Gefühle oder Erinnerungen traumatischer Erlebnisse zum Ausdruck gebracht. Diese visualisierten Gefühle können bereits verschüttete, verdrängte Gefühle aufbrechen lassen, die dann mit dem Therapeuten be- und verarbeitet werden. Die kreativen Prozesse des Unbewußten werden bei psychischen Störungen durch den bildhaften Vorgang in den Dienst der seelischen Gesundung gestellt.

Durch Bilder*serien* können mehrere Selbstansichten veranschaulicht werden. Werden diese Fotos mit der Intention aufgenommen, sie jeweils für eine andere Person anzufertigen, so werden sich diese Bilder in wesentlichen Punkten unterscheiden. Das Foto für die Mutter wird vermutlich anders aussehen als das für den Freund, die Freundin oder einen Arbeitskollegen. Diese Bilder geben über die Selbstbewertung hinaus Aufschluß über die Beziehung zu den jeweiligen Menschen.

Judy Weiser (1993) teilt die Fototherapie primär in zwei Schritte ein:

1. Den Prozeß: Was geschah, als der Klient seine Darstellung plante und dann dementsprechend posierte?
2. Den emotionalen Umgang mit dem Ergebnis dieses Prozesses: Wie empfindet der Klient das Ergebnis seiner Darstellung? Der zweite Schritt führt direkt in den therapeutischen Prozeß hinein.

Dabei kann die visuelle Realitätskontrolle durch die Fotografie immer nur ein Teil der Therapie sein. Die Selbstreflexion im Gespräch und die persönliche fachliche Begleitung des Therapeuten vervollständigen die Therapie.

Neben der Darstellung grundsätzlicher Aspekte sollen im folgenden verschiedene Therapieansätze dargestellt werden.

10.1 Das Familienalbum in der Reflexion

Judy Weiser (1993) und *Alan D. Entin* (1983) entwickelten Therapieformen, in denen die Auseinandersetzung mit Familienalben im Vordergrund stehen. Diese Methode ist sowohl für die Einzel- als auch für die Familientherapie geeignet. Bei dieser Technik bringt der Klient seine Familienalben mit in die therapeutische Sitzung. In der Annahme, daß jede Familie ihre eigenen Beziehungssysteme hat, die sie über Generationen weitergibt, werden die Fotos auf immer wiederkehrende prägnante Symbole hin untersucht. Dies kann anhand von Fotos mehrerer Generationen geschehen. Dabei ist wiederum zu beachten, daß eine Interpretation nur unter Mithilfe des Beteiligten möglich ist.

Anhand des Einblicks in die individuelle Familiengeschichte kann so die Entwicklung des Klienten nachvollzogen werden.

Fragen bei der Betrachtung der Alben könnten sein:

- Wie sind die Personen gruppiert?
- Wer steht im Vordergrund?
- Wer berührt wen?
- Welche Position nehmen die Kinder ein?
- Gibt es immer wiederkehrende Positionen einzelner Familienmitglieder?
- Wer fehlt auf den Bildern?
- Wirkt der Klient aktiv oder passiv ins Bild gestellt?
- Wer hat die »Regieanweisung« gegeben? Usw.

Alan D. Entin, der sich auf die Familien-Systemtheorie Bowens stützt, entwickelte folgende Kriterien bei der Betrachtung und Interpretation der Fotos:

- *Dreiecksbeziehungen:* Die harmonische Beziehung von zwei Familienmitgliedern kann auf einer konfliktreichen Beziehung zu einem anderen Mitglied der Familie basieren. Entin berichtet von einer Klientin, die Fotos aus ihrer Kindheit mit in die Therapie brachte, auf denen sie mit ihren Eltern zusammen abgebildet war. Während sie auf dem Arm der Mutter zu sehen war, lehnte ihr Bruder eng an seiner Mutter. Der Vater stand in einiger Entfernung, die Hände in den Hosentaschen versteckt. Die Klientin begann zu weinen, als sie über die Distanz zu ihrem Vater sprach und ihre Schwierigkeit, mehr Nähe zu ihm zu gewinnen. Die gleiche Konstellation existierte in ihrer Ehe: Es bestand eine große emotionale Distanz zu ihrem Mann, dagegen eine starke emotionale Nähe zu ihrer Tochter. In der folgenden therapeutischen Arbeit konnte die Beziehung zu ihrem Vater verbessert werden. Aufgrund dieser Verbesserung wurde der gleiche Annäherungsprozeß in ihrer Ehe erreicht.
- *Differenzierung des Selbst:* Werden individuelle Bedürfnisse an die erste Stelle gestellt, oder dominiert der Wunsch nach Verschmelzung mit anderen Menschen? Wird die Familie idealisiert dargestellt oder in ihrem alltäglichen Leben?
- Wie ist das *Geschwisterverhältnis?* Wird ein Geschwisterteil öfter abgebildet als andere? Wer hält das Baby: Mutter, Vater oder jemand anderes aus der Familie? Ändern sich die Fotos nach der Geburt eines Kindes in irgendeiner Weise? Usw.
- *»Emotionaler Cutoff«:* Wer ist von den Fotos ausgeschlossen? Ab wann taucht das Familienmitglied nicht mehr auf den Fotos auf? Wie verändern sich die existierenden Fotos ab diesem Zeitpunkt? Familienkrisen gehen oft damit einher, daß die Anzahl der Fotos bestimmter Personen abnimmt.

Der Kriterienkatalog könnte erweitert werden, indem man das Verhalten und die Gefühle des Klienten im Zusammen-

hang mit der Präsentation seiner Alben berücksichtigt. Fragen könnten sein:
- Wie ist die Gestik, Mimik oder Stimmlage des Klienten während der Präsentation?
- Wird das Familienalbum in seiner ganzen Fülle präsentiert oder vorher »präpariert«, d.h., werden Fotos, die nicht dem Idealbild des Klienten entsprechen, entfernt?

Gleichzeitig ist neben der therapeutischen Interpretation die subjektive Sichtweise des Klienten nicht zu vernachlässigen, um Fehleinschätzungen des Therapeuten zu vermeiden. Judy Weiser nennt hier einige Beispiele von Fragen an den Klienten:

- Welche Fotos zeigen für Sie die Realität? Welche Bilder »lügen«?
- Haben Sie gehofft, daß wir über *bestimmte* Fotos im Album sprechen, und wenn ja, über welche?
- Welche Fotos würden Sie gerne anders darstellen, wenn Sie sie noch einmal fotografieren könnten?
- Wie würden Sie die Beziehungen der abgebildeten Personen untereinander beschreiben?

Ist kein Familienalbum vorhanden, kann ein fiktives Album angefertigt werden. Dieses kann eigene Fotos oder Bilder aus Zeitschriften beinhalten. Der Klient verdeutlicht auf diese Weise seine Sicht seines Lebens.

Die visuellen und damit verbundenen emotionalen Inhalte bilden die Grundlage des therapeutischen Settings. Im Anschluß an die Analyse der Vergangenheit und der damit verbundenen bewußten Auseinandersetzung folgt der eigentliche therapeutische Prozeß. Jetzt können Vorstellungen verändert werden im Sinne des Klienten. Dazu können Fotos kopiert und zeichnerisch manipuliert werden. Die abgebildeten Figuren können plastisch modelliert und neu arrangiert werden und so Grundlage eines fiktiven Dialoges mit Familienangehörigen bilden. Die Fotos können mit Sprechblasen versehen oder ausgeschnitten oder als Papierpuppen verwendet werden.

Wie ein solcher Prozeß aussehen kann, schildert Judy Weiser (1993): Die Therapeutin wurde mit Fotos konfrontiert, bei denen auffiel, daß die Klientin, auch wenn sie lachte, die Lippen fest verschlossen hielt. Sie wurde gebeten, die Posen nachzustellen, nun aber mit geöffnetem Mund. Die Klientin verfiel jedoch regelmäßig in die gewohnte Mimik zurück.

Judy Weiser bat nun die Klientin, sich lachend mit geöffnetem Mund zu malen. Während dieses Prozesses wurde der Klientin bewußt, daß sie mit den verschlossenen Lippen ihre Wut gegenüber ihren Eltern zu verbergen suchte, und konnte nun der Wut, die sie jahrelang unterdrückt hatte, Ausdruck verleihen. Judy Weiser fügte der gemalten Figur Sprechblasen hinzu und ließ die Klientin diese dazu benutzen, ihre Wut in Worte zu fassen und niederzuschreiben.

10.2 Fotografische Selbstinszenierungen

Jerry L. Fryrear (1983, 1992), dessen Schwerpunkt die Therapie jugendlicher Straffälliger ist, hat ein Programm entwickelt, in dem die Reflexion der äußeren Erscheinung, der Körperbewegungen, der Gefühlsausdruck und die Gesamtheit der verschiedenen Aspekte in einem Bild integriert sind. Sein Programm ist in insgesamt zwölf Sitzungen unterteilt, die zweimal wöchentlich angesetzt sind und in denen fünf unterschiedliche Bilder fotografiert werden. Am Ende der Therapie besitzt jeder Klient ein Sammelalbum mit jeweils 60 Selbstbildern.

Es ist bei dieser Methode häufig sinnvoll, daß Klient und Therapeut sich anfangs gegenseitig fotografieren. So werden Hemmungen und Unsicherheiten des Klienten der therapeutischen Situation gegenüber abgebaut. Die Beziehung zum Therapeuten wird entspannter. Anhand dieser Fotos kann die Beziehung des Klienten zum Therapeuten visualisiert und thematisiert werden.

Fryrear berücksichtigt bei der Betrachtung der Selbstbilder

besonders die Kongruenz von Emotionen und Mimik. Unstimmigkeiten im gewünschten Gefühlsausdruck werden mit den Klienten reflektiert. Ein Foto kann beispielsweise aufzeigen, daß Wut nicht oder widersprüchlich geäußert wird. Dies ist der Fall, wenn die Faust geballt wird, der Klient aber gleichzeitig lacht. Das Bild eines ängstlichen und traurigen Menschen kann das Ergebnis des Wunsches sein, Wut auszudrücken. Das Sichtbarmachen des Mangels oder der Widersprüchlichkeit hilft dem Klienten, dies zu erkennen und seine Ausdrucksfähigkeiten im geschützten therapeutischen Rahmen zu erkunden. Darüber hinaus können Lebenszusammenhänge durch den Klienten erkannt werden, die auf Reaktionen anderer Menschen beruhen. Der Klient sieht sich auf dem Foto, wie er eine Faust macht und dabei lacht, und versteht auf einmal so, warum er im Alltag in seiner Wut nicht ernst genommen wird.

Für Klienten, die eine eingeschränkte Wahrnehmung für ihre äußere Erscheinung haben, ist es von Bedeutung, Fotos in den verschiedensten Positionen aus unterschiedlicher Perspektive anzufertigen. Da man sich in der Regel nur im Spiegel sieht, bleibt die Wahrnehmung immer nur auf einen kleinen Teil der eigenen Verhaltensweisen beschränkt.

In der Gruppentherapie sind die sozialen Verhaltensweisen zentral. Themen wie »Kooperation« oder »Sicherheit« werden ähnlich wie im Psychodrama dabei von mehreren Klienten gemeinsam umgesetzt. Ferner werden zwischenmenschliche Handlungen nachgestellt, die in der aktiven und passiven Erfahrung Erkenntnisgewinn verschaffen. Für die darzustellenden Posen gibt es beispielsweise folgende Anweisungen: »Schlage gegen die Nase des Partners« und »Laß dir von deinem Partner gegen deine Nase schlagen«, »Kämme deinem Partner die Haare« und »Laß dir von deinem Partner die Haare kämmen«. Darüber hinaus werden gegensätzlich bewertete Verhaltensformen dargestellt wie »Schlagen« und »Helfen«.

Im Anschluß daran werden die Fotos gemeinsam betrachtet und diskutiert.

Die *Collage* ist eine weitere technische Möglichkeit, die

Phantasie des Klienten anzuregen. Hierbei werden aus einem Gruppenfoto, auf dem der Klient zu sehen ist, die einzelnen Personen ausgeschnitten und auf selbstgemalte oder mit Bildmaterial aus Zeitungen collagierte Hintergründe geklebt. Die neue Anordnung der Personen und die Auswahl des Hintergrundes sind nun Grundlage der therapeutischen Sitzung.

Dabei unterscheiden sich die Methoden Judy Weisers und Jerry L. Fryrears insofern, als Weiser die Bedeutung des Fotos *an sich* geringer einschätzt und dem *Prozeß* größere Bedeutung zumißt. Auf dieser Basis fragt sie bei der Betrachtung der Fotos weniger danach, *was* gesehen wird, sondern *wie* und *warum* es gesehen wird. Das Bild als Medium ist aus ihrer Sicht wichtiger als der tatsächliche Inhalt der Abbildung. Es wird als Stimulus und Katalysator eingesetzt, um Assoziationen zu wecken und Gefühle anzuregen. Die individuelle Persönlichkeit wird auf das Bild projiziert. Somit hat die Methode Ähnlichkeit mit dem Verfahren des Rorschach-Tests.

Weiser arbeitet inhaltlich ähnlich dem Vorgehen Jerry L. Fryrears, vorwiegend mit gegenteiligen Bedeutungsinhalten. Titel der in ihrer Therapie angefertigten Fotos sind beispielsweise: »Gute Persönlichkeitsanteile – Schlechte Persönlichkeitsanteile«, »Die fröhliche Person – Die traurige Person«, »Heute – Morgen« oder »Die Vergangenheit – Die Zukunft«.

Was diese Technik in der Psychotherapie bewirken kann, zeigt der Fall Debbie F., von dem Judy Weiser (1993) berichtet:

Debbie, ein indianisches Mädchen, kam taubstumm zur Welt und lebte bis zu ihrem dritten Lebensjahr in ihrer Dorfgemeinschaft. Ihr erstes traumatisches Erlebnis erfuhr sie im Alter von zwei Jahren, als sie bei einem Brand schwer verletzt wurde und mehrere Monate lang weit entfernt von ihren Eltern in einer Klinik behandelt werden mußte. Da man in ihrem Dorf ihren Schwierigkeiten hilflos gegenübergestanden hatte, hatte sie nicht gelernt, mit anderen Menschen zu kommunizieren.

Im Alter von drei Jahren kam sie in ein Pflegeheim in Vancouver. Die Diagnose lautete: taubstumm und emotional gestört. Eine spezielle Medikation und Erziehung schien erforderlich. Wegen der nur spärlichen Besuche der Mutter entwickelte Debbie starke Verlassenheitsgefühle. Aufgrund ihrer fehlenden Kommunikationsfähigkeit und eines starken Mißtrauens allen Menschen gegenüber konnte sie keine menschliche Beziehung eingehen. Die kulturelle Zerrissenheit, in der sie sich im Zusammenhang mit ihrer Lebensgeschichte befand, sorgte für weitere Verwirrung und Deprivation.

Mit der Zeit lernte sie eine Art Zeichensprache, die eine minimale Kommunikationsmöglichkeit schuf, jedoch recht verwirrt erschien. Da diese Zeichensprache jedoch zum Ziel hatte, sich den sprachlichen Fähigkeiten anzupassen, wurde der visuelle Aspekt nur zweitrangig behandelt. Judy Weiser setzte dagegen an den Fähigkeiten ihrer Klientin an Bilder sehen zu können, und reduzierte so die ständige Frustration durch das Gefühl, das Ziel, sprechen und hören zu können, nie zufriedenstellend erreichen zu können.

Um Debbies Sichtweise der Welt kennenzulernen, ließ Judy Weiser sie fotografieren, was dem Mädchen an ihrer Umwelt wichtig erschien. Eine Serie von Fotos, die Frauen mit ihren Kindern zeigte, wurde Grundlage einer Analyse und Reflexion über ihre Beziehung zur Mutter. Dabei wurden Themen gestellt wie: »Die arbeitende Frau«, »Eine glückliche Frau« oder »Glückliche Frau mit ihren Kindern«. Debbies fotografische Projektionen und die dadurch initiierte bildliche Kommunikation schuf eine Beziehung zu ihrer Therapeutin, die Debbie offener werden ließ und befähigte, stärker zu differenzieren.

Debbie hatte darüber hinaus Schwierigkeiten, Emotionalität des Gesichtsausdruckes anderer Menschen entziffern zu können. Gleichzeitig zeigten sich Widersprüchlichkeiten in ihrem eigenen Gefühlsausdruck. Aus diesen Gründen fertigte Weiser mit ihr zusammen eine Porträtreihe an, in der Debbie verschiedene Gefühle versuchte umzusetzen. Nachdem sich Debbie vor dem Spiegel ausprobiert hatte, wurde sie in der Mimik fotografiert, die für sie die passende zu sein schien. So lernte sie aufgrund ihrer eigenen Mimik den emotionalen

Ausdruck anderer zu verstehen und konnte ihre Ausdrucksfähigkeit korrigieren und erweitern.

Um ihre kulturelle Zwiespältigkeit aufzuarbeiten, ließ Weiser Debbie ihre Umgebung im Pflegeheim dokumentieren. Mit den Fotos stellte sie ihr eigenes Sammelalbum her. Gleichzeitig schickte Debbie Fotos an ihre Eltern. Auf diese Weise bekamen die Eltern eine Vorstellung davon, wie der Alltag ihrer Tochter aussah, und die kulturelle Distanz, die mittlerweile zwischen Debbie und ihrer Dorfgemeinschaft stand, wurde reduziert. Als Debbie nach einiger Zeit ihr Dorf und ihre Eltern besuchte, empfing man sie nicht als Fremde.

Weiser beschreibt Debbie am Ende als ein Mädchen, das durch die Interaktion im therapeutischen Prozeß lernte, eigenverantwortlich zu handeln, eine bessere Wahrnehmungs- und Ausdrucksfähigkeit entwickelte und bewußter mit ihrer kulturellen Identität umgehen konnte. Die Diagnose, daß Debbie geistig retardiert sei, konnte nicht mehr aufrechterhalten werden.

Die Therapeutin begann nun, Debbie die Laborarbeit zu zeigen, was in dem Mädchen ein so großes Interesse weckte, daß dies zu ihrem Hobby wurde.

10.3 Fotografie als Metapher – Assoziative Fotografie zur Darstellung des Selbstkonzeptes

Joe Walker (1983) benutzt bei seiner fototherapeutischen Methode selbstangefertigte Fotos, die nur schemenhaft Personen zeigen. Sie sind als solche kaum mehr erkennbar. Der Betrachter wird so angeregt, diese Personen in einen Handlungszusammenhang zu bringen, der seiner Phantasie entspricht. Diese Phantasien bilden die Grundlage für den therapeutischen Dialog.

Eine weitere Methode wird von *Robert C. Ziller, Brett Rorer, Jeanne Combs* und *Douglas Lewis* (1983) beschrieben: Anhand einer Bilderserie von zehn bis 15 Fotos wird das biographische Eigenverständnis, die individuelle Kategorisierung oder das innere Seelenleben bildlich ausgedrückt. Die Rede ist z.B. von einem sehr introvertierten und scheuen Klienten, auf dessen Bildern keine Menschen zu sehen waren. Seine Fotos zeigten ausschließlich weite und übersichtliche, menschenleere Plätze. Die auffällige Leere der Bilder veranlaßte den Klienten dazu, selbst ein Resozialisierungsprogramm zu initiieren, bei dem die Interaktion mit anderen Menschen im Vordergrund stand.

So kann die Visualisierung Klienten mit starren Lebenskonzepten zu mehr Offenheit und Flexibilität veranlassen. Darüber hinaus kann in einer Bildserie der aktuelle Veränderungsprozeß verdeutlicht werden. Die gleichen Autoren berichten von einer Klientin, die sich im Veränderungsprozeß befand und dies bildlich ausdrückte, indem ihre Fotos Wegkreuzungen, Hinweisschilder, Fußspuren im Sand oder dynamische Bewegungen zeigten.

Eine langsame thematische Annäherung an die Kernfrage kann bei manchen Klienten sinnvoll sein, die mit einer zentralen Fragestellung emotional überfordert wären. So kann eine Dokumentation »Mein Zuhause«, »Was gefällt mir?«, »Was gefällt mir nicht?« auf die Frage »Wer bin ich?« hinführen.

Krauss/Fryrear (1983) kommen teilweise ganz ohne die Darstellung von Personen aus. Landschaftsaufnahmen beispielsweise spiegeln die seelische Befindlichkeit und die unbewußten Gefühlszustände manchmal eindrücklicher wider als Selbstporträts. Das Foto eines einsamen Bootes am Strand, eines Blickes aus schwindelerregender Höhe eines Hochhauses oder der Anblick der stürmischen See haben hohen symbolischen Wert in diesem Zusammenhang.

10.4 Foto-Kunsttherapie

In der Foto-Kunsttherapie, wie sie von *Jerry L. Fryrear* und *Irene E. Corbit* (1992) entwickelt wurde, werden auf der Grundlage der Psychologie C. G. Jungs in der Einzel- oder Gruppentherapie Fotos als Erweiterung der Ausdrucksmöglichkeiten eingesetzt. Auch hier steht die Konfrontation mit der eigenen Person im Vordergrund. Technische und ästhetische Perfektion sind unwichtig. Hauptbestandteil ist die therapeutische Gesprächsführung. Die vom Klienten gestalteten Bilder dienen dabei als Kommunikationsmedium.

Die Selbstporträts, die entweder von Gruppenmitgliedern oder dem Therapeuten selbst aufgenommen wurden, werden vom Klienten in Beziehung zur Natur und zu anderen Personen seines Umfeldes gesetzt. Die Theorien C.G. Jungs über die »*Persona*«, den persönlichen »*Schatten*«, die »*Archetypen*« sowie die Traumdeutung bilden hier die Grundlage bei der Bearbeitung der Selbstbilder.

Die *Persona* ist ein Kompromiß zwischen dem sozietären und dem individuellen, dem öffentlichen und dem privaten Bild der eigenen Person. Sie ist die »Maske«, die der Außenwelt zugewandt ist. Ist die Distanz beider Anteile so groß, daß eine befriedigende Verbindung verhindert wird, ist nach Jung die Grundlage zu einer Neurose gegeben. In der Bearbeitung dieser Aspekte werden vom Klienten zwölf Selbstporträts angefertigt, sechs unter dem Aspekt des öffentlichen und sechs unter dem des privaten Selbstbildes. Jeweils sechs Fotos zeigen das physische, das geistige, das familiäre, das soziale, das berufliche und das emotionale Selbstbild.

Diese zwölf gegenpoligen Bilder werden vom Klienten in einer »Selbstporträtbox« so arrangiert, daß die öffentlichen Bilder von außen sichtbar, die privaten Bilder innerhalb der Box auf der entsprechenden Seite zu sehen sind. Diese Box wird nun mit verschiedenen gestalterischen Materialien nach den Vorstellungen des Klienen ergänzt. Das therapeutische Gespräch begleitet den Anfertigungsprozeß, der oft mehrere Wochen in Anspruch nimmt.

Der *Schatten*, ebenfalls eine Metapher in Jungs Psychologie, ist eine weitere thematische Einheit in dieser Therapieform. Mit Hilfe der Fototherapie werden verdrängte negative Anteile der Persönlichkeit in Form von künstlerischen Arrangements und fotografischen Selbstbildern sichtbar gemacht. Am Ende einer solchen Einheit steht ein ebenso gestaltetes Poster unter dem Thema »Der befreite Schatten«.

Die verschiedenen *Archetypen* von C. G. Jungs Theorie dienen darüber hinaus auch als Grundlage zur gestalterischen Arbeit mit Märchen. Während dieser Methode werden Bilder zu Märchen geschaffen, die zu weiteren Assoziationen und Phantasien anregen und stärker als die vorherigen Schritte das Unbewußte ansprechen.

Die bildliche Umsetzung der Träume im Zusammenhang mit der therapeutischen Traumarbeit deckt die unbewußten Wünsche und Ängste des Klienten auf. Hier werden sowohl die ursprünglichen Träume als auch die Bewältigung in der therapeutischen Situation mit zeichnerischen und fotografischen Mitteln bildlich ausgedrückt.

An dieser Stelle dringt der Klient am tiefsten in sein Unbewußtes ein und kann so verborgene Ängste bewältigen. Jerry L. Fryrear und Irene E. Corbit berichten vor allem von ihrer Arbeit mit Jugendlichen, die anhand aktueller Träume oder Träumen der Kindheit solche verdrängten Konflikte aufarbeiteten.

Der Klient arrangiert bei dieser Methode fünf Schnappschüsse von sich in Form eines Posters mit eigenen Zeichnungen, Zeitungsfotos, Wolle, beliebigen gestalterischen Materialien oder natürlichem Material wie Gras, Baumrinde oder Blättern. Die Ausführungen und Assoziationen zu diesem Arrangement führen in einen Dialog zwischen Klienten und Therapeuten, in dem der Therapeut auf der Grundlage der Gesprächsführung, wie sie von Carl R. Rogers (1991) entwickelt wurde, durch Fragestellungen dem Klienten eine differenzierte Wahrnehmung seiner unbewußten Anteile ermöglicht.

Unter dem Thema »Wie stehe ich in Beziehung zu anderen Männern bzw. Frauen oder zu Kindern?« wird in einem weiteren Schritt ein Poster mit fotografischen Schnappschüssen und gezeichneten Selbstporträts arrangiert, das auf der Grundlage der *extravertierten* und *introvertierten Einstellungstypen* Jungs besprochen wird.

10.5 Biographiearbeit

Eine weitere Fototherapiemethode entwickelten Tony Ryan und Rodger Walker (1993). Ziel von »Life Story Work«, wie sie ihre Methode nennen, ist es, Kindern und Jugendlichen eine Identitäts- und Orientierungshilfe zu vermitteln, indem die individuelle Lebensgeschichte erinnert und bearbeitet wird. Zu diesem Zweck werden bedeutungsvolle Szenen des vergangenen Lebens nachgestellt und fotografiert. Die Fotos dienen im weiteren als Grundlage für das therapeutische Gespräch.

Hauptsächlich werden hiermit adoptierte Kinder und Jugendliche angesprochen sowie Kinder, die in Pflegefamilien leben. Sie erhalten anhand dieser Methode genaue Informationen über ihre Vergangenheit und ihre Familie. Dieses Wissen soll entweder den Hintergrund bei einer Rückführung in die Familie bilden oder aber dazu dienen, die Gründe verständlich zu machen, warum eine Rückführung nicht möglich ist. Dies ist beispielsweise der Fall, wenn die ursprüngliche Familiensituation seit dem Fremdaufenthalt des Kindes keine positive Entwicklung erfahren hat. Ryan und Walker widmen sich über die genannten Zielgruppen hinaus den Kindern und Jugendlichen, die von sexuellem Mißbrauch innerhalb der Familie betroffen waren.

»Life Story Work« kann zur Entstehung eines Fotoalbums oder eines Videos führen, wobei der therapeutische Prozeß während der Anfertigung im Vordergrund steht. Das Album bzw. das Video sollten vor allem die positiven Anteile und Fähigkeiten des Kindes aufzeigen. Notwendig ist dies vor allem deswegen, weil Kinder und Jugendliche, die aufgrund problematischer Familiensituationen aus der Familie herausgenommen werden mußten, sich häufig schuldig an dieser Entwicklung fühlen und sich für ihre Situation schämen. Eine Unterstützung der positiven Anteile kann hier ein Gegengewicht schaffen.

Themen während der therapeutischen Sitzung sind die Vergangenheit, die Gegenwart sowie der Blick auf die Zukunft: vergangene bedeutungsvolle Ereignisse, Veränderungen, Verluste, Erlebnisse mit bestimmten Personen, gegenwärtige Selbst- und Fremdbilder sowie der Sinn des jeweiligen Aufenthaltes, Wunschvorstellungen und reale Möglichkeiten für zukünftige Lebenssituationen.

Die Arbeit mit Fotos verhilft in diesem Zusammenhang dazu, die Gespräche zu strukturieren und Emotionen verständlicher ausdrücken zu können.

Zusammenfassung

Fototherapie ist die Behandlung von seelischen Störungen durch einen ausgebildeten Therapeuten mit Hilfe der Fotografie und des fotografischen Prozesses als Medium der zwischenmenschlichen Kommunikation. Ziel ist es, leidvolle Symptome von Klienten abzuschwächen, psychische Reifeprozesse zu fördern und damit die Persönlichkeitsstruktur positiv zu beeinflussen. In allen Ansätzen wird schwerpunktmäßig mit unbewußten Anteilen gearbeitet.

11. Fototechnik

11.1 Einrichtung eines Fotolabors

Zur Einrichtung eines Fotolabors ist ein Raum notwendig, der sich völlig abdunkeln läßt. Zum Abdunkeln der Fenster eignen sich schwarze Tonpappe, bei größeren Flächen schwarze Lackfolie.

Ein Labor besteht aus einem Belichtungsplatz und einem Platz zur weiteren Entwicklung, dem Naßplatz. Darüber hinaus gehört zu einem Labor Material zur Entwicklung des Filmnegativs.

Der Belichtungsplatz sollte so viele Vergrößerer umfassen, daß nicht mehr als zwei Personen an einem Vergrößerer arbeiten müssen.

Der Platz zur weiteren Verarbeitung besteht aus einer Schale mit Entwicklerflüssigkeit, einer Schale mit Stoppbad, einer Schale mit Fixiererflüssigkeit und zuletzt einem Wasserbad zur Wässerung der fertigen Bilder. Zu jeder Schale gehören jeweils zwei Laborzangen, mit denen die Fotos von einer Wanne in die andere transportiert werden können. Dabei ist unbedingt zu beachten, daß weder von der Fixiererflüssigkeit noch von dem Stoppbad etwas in das Entwicklerbad gelangen darf.

Materialliste zur Einrichtung eines Labors für eine Gruppe von sechs Personen:

- mehrere Laborlampen (Rotlichtglühbirnen),
- 3 Vergrößerungsgeräte mit Schaltuhren,
- 3 dickere Glasplatten ca. 30 x 40 cm,

- 3 Wannen in verschiedenen Farben,
- 8 Laborzangen,
- 3 500-ml-Entwicklerdosen mit Spulen,
- 1 Thermometer,
- 1 Bildabstreifer,
- 1 Flaschenöffner,
- 3 Trichter zum Ein- und Umfüllen der verschiedenen Flüssigkeiten,
- 1 Meßbecher,
- 1 Schere,
- 1 spezieller Wässerungsschlauch
- Entwickler für Fotopapier,
- Entwickler für Negativfilme,
- Essig,
- Fixierer für Negativfilme und Fotopapier,
- 1 großer Sammelkanister für die Entsorgung der Chemikalien (einige Fotogeschäfte bieten die Möglichkeit zur kostenlosen Entsorgung),
- Aufbewahrungskanister für die verschiedenen Chemikalien,
- Filmmaterial (ILFORD FP 4, ISO 125, 21 DIN; ILFORD HP 5, ISO 400, 27 DIN; bei größeren Filmmengen empfiehlt es sich, mit FORTEPAN 200, ISO 200, 24 DIN aus Ungarn zu arbeiten; sie müssen durch ein Fotogeschäft bestellt werden, kosten jedoch nur ca. die Hälfte der gängigen Schwarzweißfilme von ILFORD),
- Fotopapier mit Variationsmöglichkeit in bezug auf die Härtegrade (ILFORD Multigrade III 8,9 x 12,7 cm, 12,7 x 17,8 cm, 17,8 x 25,4 cm oder die preiswerteren ungarischen Fotopapiere).

11.2 Der fotografische Entwicklungsprozeß

11.2.1 Die Filmentwicklung

Der Negativfilm wird im Labor im Dunkeln entwickelt. Hierbei darf keinerlei Licht auf den Film treffen. Auch das Rotlicht muß ausgeschaltet bleiben. Dieser Vorgang muß vorher mit einem Ausschußfilm so gut eingeübt sein, daß er später nur durch Ertasten durchführbar ist.

Vor Beginn sollen alle benötigten Gegenstände griffbereit liegen. Als erstes wird die Filmdose z. B. mit einem Flaschenöffner geöffnet. Der Film wird mit der inneren Spule entnommen und so angeschnitten, daß er am Ende eine Rundung aufweist. Der Film wird nun ca. 6 bis 7 cm in die Spule eingeführt. Nun wird abwechselnd mit der linken und rechten Hand die Spule vom Körper weggedreht, wobei abwechselnd der Daumen verhindert, daß der Film aus der Schiene springt, und der Zeigefinger den Film an seiner Kante festhält und somit weiterführt. Der Film muß so aufgespult sein, daß sich die Filmstreifen nicht gegenseitig berühren. Die fertige Spule wird nun auf das Achsrohr der Entwicklerdose gesteckt. In die 500-ml-Dose passen zwei Filme. Sollte nur ein Film entwickelt werden, steckt man trotzdem eine zweite Spule auf das Achsrohr, um ein Rutschen der ersten Spule während des Entwickelns zu verhindern. Erst wenn der Deckel der Entwicklerdose richtig verschlossen ist, kann das normale Licht angeschaltet werden.

Der obere farbige Teil des Deckels kann nun geöffnet werden, um die Entwicklerflüssigkeit einzufüllen. Die Entwicklungszeiten richten sich nach den individuellen Angaben der verschiedenen Herstellerfirmen. In dieser Zeit muß die Dose ständig im 3-Sekunden-Rhythmus gekippt werden, damit die Flüssigkeit gleichmäßig an dem Film entlangfließen kann. Ist dieser Vorgang beendet, wird die benutzte Flüssigkeit in einen Kanister gefüllt.

Nacheinander werden nun das Stoppbad eingefüllt, die Dose zwei Minuten lang gekippt, die Flüssigkeit ausgeschüttet und der Fixierer eingefüllt. Hier muß ebenfalls der 3-Sekunden-Kipprhythmus beachtet werden. Erst nach Abschluß des Fixiervorgangs kann die Dose geöffnet werden. Zum Wässern wird ein Wasserschlauch in die Dose eingeführt. Dieser Vorgang sollte zehn Minuten lang durchgeführt werden. Damit das Filmnegativ keine Wasserflecken bekommt, wird nach dem Wässerungsprozeß ein Tropfen Spülmittel in die Dose gegeben und die Spule ein paar Mal auf- und abbewegt. Danach kann der Film der Spule entnommen, zwischen zwei Fingern das Wasser abgestreift und der Film zum Trocknen aufgehängt werden. Das trockene Filmnegativ wird so geschnitten, daß immer sechs Bilder einen Streifen bilden. Diese Streifen werden in eine klare, durchsichtige Filmtasche gesteckt.

11.2.2 Der Kontaktbogen

Hierbei wird bei eingeschaltetem Rotlicht gearbeitet. Zur Vorbereitung werden die Entwickler- und Fixierflüssigkeit nach Gebrauchsanweisung angesetzt und in die Schalen gefüllt. Als Stoppbad reicht ein kräftiger Schuß Essig in eine Schale mit Wasser. Wichtig ist, daß die Schalen immer wieder für die gleichen Flüssigkeiten benutzt werden, da sonst Verunreinigungen auftreten können.

Das Licht des Vergrößerers wird eingeschaltet und die Höhe des Objektivs so eingestellt, daß ein Lichtkegel von ca. 30 x 40 cm auf das Grundbrett fällt. Der Rotfilter des Vergrößerers wird vorgeschoben, so daß kein weißes Licht mehr zu sehen ist. Mit einem Teststreifen kann danach die richtige Belichtungszeit gefunden werden. Dazu wird ein Stück Fotopapier in der Größe eines Filmstreifens auf die Grundplatte gelegt, darüber der ausgesuchte Filmstreifen in der Filmtasche und darüber die Glasplatte gelegt. Die Blende des Objektivs bleibt ganz geöffnet. Die Schaltuhr wird auf 2 Sekunden eingestellt. Fünf der sechs Negative eines Streifens bedeckt man mit einer dickeren Pappe, so daß nur ein Bild belichtet werden kann, und belichtet dieses 2 Sekunden. Die Pappe wird nun weiter verschoben, so daß das zweite Bild sichtbar wird. Beide Bilder werden wiederum 2 Sekunden belichtet. Diesen Vorgang wiederholt man so oft, bis auch das letzte Bild belichtet ist. Damit hat man einen Teststreifen mit Belichtungszeiten von 2 bis 12 Sekunden.

Der Streifen wird in die Entwicklerflüssigkeit getaucht und bleibt dort ca. 2 Minuten liegen, während die Wanne ständig leicht bewegt wird, um eine gleichmäßige Entwicklung zu garantieren. Der Streifen sollte etwas abtropfen, bevor er für ca. 2 Minuten in das Stoppbad gelegt wird. Je nach Art und Alter des Fixierers bleibt der Streifen in der letzten Wanne 1 bis 5 Minuten in der Flüssigkeit. Nun kann der Streifen kurz gewässert und im Licht betrachtet werden. Ist die richtige Belichtungszeit dabei erzielt worden, kann nun der ganze Film auf ein großes Fotopapier (18x24 cm) in der gleichen Art belichtet und entwickelt werden. Im Unterschied zum Teststreifen verwendet man nun nur noch eine Belichtungszeit für den gesamten Film. Erst wenn das Papier fertig fixiert ist, kann das normale Licht eingeschaltet werden.

Von dem fertig gewässerten Papier wird das Wasser mit dem Bilderabstreifer entfernt. Man kann das Foto entweder an der Luft trocknen lassen, wozu man es z.B. auf ein Handtuch legt, oder es trockenföhnen. Von dem fertigen Kontaktbogen können nun die Bilder ausgewählt werden, die vergrößert werden sollen. Dabei ist zu beachten, daß eventuelle Unschärfen und Fehler bei einer Vergrößerung stärker zu sehen sind.

11.2.3 Die Vergrößerung

Gearbeitet wird wieder bei Rotlichtbeleuchtung. Bei eingeschaltetem Licht des Vergrößerers wird das Negativ in die Bildbühne des Vergrößerers geschoben, bis das gewünschte Bild auf der Grundplatte erscheint. Mit Hilfe des entsprechenden Knopfes wird die Höhe und damit die Größe des Bildes eingestellt. Mit einem Hebel läßt sich die Schärfe des Bildes einstellen. Nun wird der Rotfilter vorgeschoben und die Blende um zwei Stufen geschlossen, was zu einer besseren Tiefenschärfe führt. Nach dem gleichen Prinzip wie vorher bei dem Kontaktbogen wird ein Teststreifen belichtet, der am besten quer über das Bild gelegt wird. Allerdings wird nun die Glasplatte nicht mehr verwendet. Hierbei sollte man mit einer längeren Belichtungszeit rechnen, da die geschlossenere Blende dafür sorgt, daß weniger Licht auf das Papier fällt.

Nachdem das Bild mit der richtigen Zeit belichtet worden ist, kann es wie der Kontaktbogen entwickelt, fixiert und getrocknet werden.

11.3   Grundlegende Gestaltungstechniken

11.3.1 Licht und Schatten

Ein wichtiger Faktor in der Fotografie ist die Beleuchtung. »Ins richtige Licht« gerückt erscheinen Objekte geschönt, perfekt, während entsprechend gewähltes Licht Objekte unvorteilhaft verfremdet und entstellt. Mit speziellen Fotolampen, zusätzlichen Blitzen und Lenkung des Lichtstrahls durch spezielle Reflexschirme oder weiße Tücher kann man auf die Lichteffekte eines Fotos Einfluß nehmen. Beim »indirekten Blitzen« werden Schlagschatten oder Blitzlichter auf dem Objekt vermieden.

Zwei Lichtquellen, seitlich angeordnet, schaffen plastisch-weiche Ausleuchtung. Licht hinter dem Kopf läßt das Haar leuchtend wirken.

Direktes Licht, frontal auf ein Objekt gerichtet, erzeugt eine »Verflachung«. Strukturen eines Gesichts beispielsweise sind nicht mehr sichtbar. Reines Seitenlicht verursacht Schlagschatten, und eine Lichtquelle unterhalb des Gesichts führt zur »Dämonisierung«. Wird ein Gesicht hauptsächlich von oben beleuchtet, entstehen Schatten unter den Augen.

Das Motto »Da, wo viel Licht ist, ist auch viel Schatten« trifft auch die Fotografie. Je nachdem, von welcher Seite das

Objekt beleuchtet wird, wirft es auf der anderen Seite Schatten, die es völlig verfremden können. Gesichtszüge können auf diese Weise verstärkt werden, so daß eine Person um Jahre älter aussieht. Wird mit weicherem Licht gearbeitet, eventuell noch mit Weichzeichner, so tritt der umgekehrte Effekt ein, und die Person »verjüngt« sich.

Je stärker Licht-Schatten-Effekte gestaltet werden, desto unwirklicher scheint meist das fertige Produkt. Nicht umsonst werden Phantasie- und Horrorfilme meist mit extremen Licht- und Schatteneffekten produziert.

11.3.2 Der Bildausschnitt

Schon lange werden Hilfsmittel erfunden und geschaffen, die es dem Menschen ermöglichen, den Blick auf einen Ausschnitt einzugrenzen. Im Bereich des künstlerischen Bildes sucht man damit nach Möglichkeiten, die naturgetreue Wiedergabe des Gesehenen zu erleichtern. Dürer benutzte z.B. einen Holzrahmen, der in viele kleine Vierecke unterteilt war. Auf diese Weise »rasterte« er sein Bild auf und übertrug es auf das Papier. Die Sicht durch Brillengläser, Ferngläser, Mikroskope, Foto- und Videokameras sowie die ausschnitthaften Bilder im Fernseher oder Computer gehören heute zum Alltag. Das ausschnitthafte Sehen erleichtert eine Orientierung und entlastet das Auge.

Die Wahl des Bildausschnitts ist für die Aussage des Fotos sehr entscheidend. Die Frage des Verhältnisses Objekt – Hintergrund steht dabei an erster Stelle: Ist ein Objekt oder eine Person im Verhältnis zum Hintergrund relativ klein, oder nimmt es den größten Raum des Bildes ein? Ist das Objekt ganz zu sehen oder nur teilweise? Welcher Teil des Objektes wurde ausgewählt? Ein Objekt kann zerstückelt wirken, kann aber auch durch nur teilweise Präsenz besondere Aufmerksamkeit auf sich ziehen, z.B. dadurch, daß das Teilstück leicht zu »entziffern« ist oder weil es neugierig auf das übrige Bild macht.

Ein Bildausschnitt kann eine gewohnte Sehweise wiedergeben, kann aber auch durch Verfremdung faszinieren oder irritieren. Ein Weitwinkelobjektiv bewirkt z. B. einen Bildausschnitt, der größer ist als der menschliche Blickwinkel. Ein Foto, auf dem nur ein Auge dargestellt ist, verunsichert, weil normalerweise niemand in ein Gesicht sieht und nur eines der beiden Augen wahrnimmt.

Eine Ausschnittsvergrößerung läßt nicht nur ein Detail besser erkennen, sie führt dazu, daß der Kontext der Aufnahme mit zunehmender Vergrößerung verschwindet. Je stärker beispielsweise eine Person vergrößert und herangeholt wird, desto mehr verschwindet der Hintergrund und somit die Lebenssituation, die Geschichte und die zeitliche Bestimmung.

Zu dem Bildausschnitt zählt auch das Format. Querformat und Hochformat haben unterschiedliche Wirkungen.

Im allgemeinen kann festgestellt werden, daß ein Querformat eher den Eindruck von Ruhe, Stille, Weite oder Passivität vermittelt. Aufgrund seiner Anatomie sieht der Mensch seine Umwelt in einer Art quer liegendem Oval. Das quer liegende Format ist demnach vertraut und gewohnt.

Ungewohnt dagegen wirkt das Hochformat. Es assoziiert Nähe, Aktivität, Nervosität, Lautstärke oder Aggressivität.

Der Bildausschnitt ist jedoch nicht nur in gestalterischer Hinsicht interessant. Zugang zu einem Bild bekommt man meist nur durch das, was Barthes (1989) das »Punktum« nennt. Damit ist ein kleiner Teil des Bildes, ein bestimmter Ausschnitt gemeint, der für den Betrachter besondere Bedeutung hat. Dieses Detail kann beim Porträt ein Schmuckstück, eine Handhaltung oder ein kleiner Gegenstand im Hintergrund sein. Erst nach der Wahrnehmung dieses »Punktums« wird man auch aufmerksam auf den Rest des Bildes. Die Betrachtung des restlichen Bildes erfolgt jedoch ebensowenig im Ganzen, sondern Punkt für Punkt. Wie sich in entsprechenden Untersuchungen gezeigt hat, stimmt die Blickreihenfolge bei der Betrachtung desselben Bildes bei vielen Menschen überein. Diese Erkenntnis macht sich die Werbung zunutze, um die Aufmerksamkeit des Betrachters bewußt zu lenken.

11.3.3 Perspektiven

Die Perspektive setzt sich aus dem *Standpunkt* und dem *Blickpunkt* zusammen. Beide Aspekte haben in der Fotografie große Bedeutung. Der Gegenstand eines Fotos kann aus unterschiedlichen Perspektiven aufgenommen worden sein, die jeweils andere Bedeutungen haben.

- Die *Vogelperspektive*, bei der von einem Standpunkt oberhalb des Objektes heraus fotografiert wird, erzeugt beim Betrachter des Bildes das Gefühl der Überlegenheit. Die dargestellte Person wirkt machtlos, passiv, unbedeutend, klein, unterlegen.
- Die *Großaufnahme* erweckt beim Betrachter des Bildes Nähe und Intimität. Sie macht eine porträtierte Person wichtig und bedeutend.
- Die *Totale* nennt man einen sehr weiträumigen Bildausschnitt. Sie erzeugt beim Betrachter ein Gefühl der Distanz. Sie suggeriert eine gute Übersicht und Kontrolle über das Geschehen. Das Bild wirkt sachlich. Gleichzeitig kann das Bild Gefühle der Aussichtslosigkeit und Einsamkeit vermitteln.
- Die *Froschperspektive*, bei der ein Objekt von einem darunter liegenden Standpunkt aufgenommen wird, bewirkt beim Betrachter des Bildes das Gefühl der Unterlegenheit. Das dargestellte Objekt wirkt mächtig, bedrohend und überlegen.
- Die Wahl der *Horizonthöhe* ist ebenfalls von Bedeutung. Je höher der Horizont angesetzt wird, desto niedriger also der Blickwinkel liegt, um so mehr entsteht der Eindruck von Unendlichkeit, Ohnmacht oder Weite. Die Verschiebung der Horizontlinie von unten nach oben entspricht dem Wechsel von der »Vogelperspektive« zur »Froschperspektive«.

Die beiden verschiedenen Bilder, die die Augen durch ihren Abstand voneinander wahrnehmen, werden durch entsprechende Gehirnfunktionen zu einem Bild verschmolzen. Dies ist beim gesunden Menschen eine angeborene Fähigkeit. Dagegen muß die Fähigkeit, auf einer zweidimensionalen Fläche dreidimensionale Gegenstände und Räumlichkeit erkennen zu können, erlernt werden. Denkt man an die Größenverhältnisse von kindlichem Spielzeug, so wird das Fehlen eines solchen Bewußtseins deutlich. Gombrich (1977) berichtet von Eingeborenen, die bis dahin keinen Kontakt mit westlichen Bildern hatten, die nicht in der Lage waren, die Bildperspektive zu deuten. Der Lernprozeß besteht darin zu erkennen, daß Gegenstände mit zunehmender Entfernung kleiner erscheinen.

Die Perspektive ist nicht nur für die inhaltliche Gestaltung des Bildes von Bedeutung, sondern ebenso für die Betrachtung des fertigen Bildes. So war es für den Betrachter einer Daguerreotypie aufgrund der spiegelnden Oberfläche nur aus einer bestimmten Position heraus möglich, das Bild zu entziffern. Ein Foto ist heute aus einer Vielzahl von Standpunkten heraus zu betrachten, ohne daß es verzerrt wirkt. Der Wunsch nach realistischer Abbildung zeigt sich in der Erfindung des Panoramas, das im Rundgemälde seinen Höhepunkt findet. Mittlerweile versucht man bei gleichzeitiger Reduzierung der Standpunkte den Wirklichkeitseindruck durch technische Mittel zu erhöhen. Beispiele hierfür sind 3D-Filme oder »Virtual Reality«.

11.3.4 Unterschiedliche Zielsetzungen des Fotografierens

Ein Foto wird mit unterschiedlichen Intentionen aufgenommen, beispielsweise als Erinnerung, als Werbebild oder als künstlerischer Ausdruck.

Besteht das Ziel, ein *Erinnerungsfoto* zu schaffen, so wird eine Person oft in vertrauter Haltung oder Umgebung dargestellt. Sie wird so für Freunde oder Nachfahren auch in ihrer Abwesenheit greifbar. Eine weitere Möglichkeit besteht dar-

218

in, die Person vor einem Hintergrund oder in einem Moment aufzunehmen, der besonders prägend war oder einfach mit bestimmten Erinnerungen verbunden ist.

Wird eine bedeutende Persönlichkeit porträtiert, wird diese Person eine Haltung einnehmen, die ihre Funktion am ehesten deutlich macht und einen hohen Wiedererkennungswert für den Betrachter hat. Es findet eine Stilisierung der Persönlichkeit statt. Die Fotografie wird zur *Ikone*. Beispiele hierfür sind Fotos politischer Persönlichkeiten oder Poster von Pop-Stars.

Fotografierende können auch die Intention haben, mit Fotos Geschehnisse und Lebensweisen eines Menschen zu *dokumentieren*. Dazu sind *Bildserien* am besten geeignet. Sie geben Einblick aus verschiedenen Standpunkten und bieten die größte Möglichkeit, Einschätzungen zu überprüfen. Dokumentarische Bilder werden meistens durch Bildunterschriften ergänzt oder sind in den jeweiligen Text quasi als visueller Beweis eingefügt.

Weiter kann das Ziel sein, bestimmte *Stereotypen* zu verdeutlichen. Dazu reicht meist ein *Einzelbild*, auf dem die vermeintlich typischen Aspekte in klar eingegrenzter und leicht zu entziffernder Codierung vereint werden. Die fotografische Inszenierung basiert auf diesen Aspekten.

Zuletzt sollen noch die Fotos erwähnt sein, die *analytische Funktion* besitzen. Sie sind von den Porträtisten gemacht, die sich zum Ziel gesetzt haben, eine Person in ihrer äußeren Erscheinung mitsamt der Biographie, der Lebenswelt und dem psychischen und seelischen Zustand abzubilden. Das Ergebnis dieser Zielsetzung ist das, was Nadar das »*Intimporträt*« nannte. Die Fähigkeit, die jemand für diese Art des Fotografierens besitzen muß, beschreibt Ben Maddow als die »*Fähigkeit …, sich in die Person des anderen zu versetzen oder ihn gar besser zu kennen als er sich selbst … und diese geistige Gemeinschaft so abzustimmen, daß beide … kaum als separate Wesen wahrgenommen werden können*« (Sarah Kent 1982, S. 434).

Zusammenfassung

In diesem Kapitel wird auf die Einrichtung eines Fotolabors, die Handhabung des fotografischen Entwicklungsprozesses sowie grundlegende Gestaltungstechniken eingegangen. Hier werden genaue Anweisungen sowie Ratschläge gegeben, die sich aus der Praxiserfahrung ergeben haben.

Die hier aufgeführten Hinweise bilden die Grundlage zur fototechnischen Arbeit, wie sie für die fotopädagogische Tätigkeit benötigt wird. Die Fragen, die sich darüber hinaus während der Praxis ergeben, können in Fotogeschäften geklärt werden. Es ist also keine weitere Literatur unbedingt notwendig. Wer sich jedoch eingehender mit der Technik befassen möchte, sei auf Merz (1994) und Maschke (1994) verwiesen.

Literaturverzeichnis

Akashe-Böhme, Farideh: Reflexionen vor dem Spiegel. Frankfurt 1992

Barthes, Roland: Die helle Kammer. Frankfurt a. M. 1989

Beck, Ulrich: Risikogesellschaft. Frankfurt a. M. 1986

Benjamin, Walter: Das Kunstwerk im Zeitalter seiner technischen Reproduzierbarkeit. Frankfurt a. M. 1977

Birtsch, Vera/Hartwig, Luise/Retza, Burglinde (Hrsg.): Mädchenwelten – Mädchenpädagogik. Frankfurt a. M. 1991

Bittner, Günther (Hrsg.): Pädagogik und Psychoanalyse. Würzburg 1985

Bourdieu, Pierre (Hrsg.): Eine illegitime Kunst – Die sozialen Gebrauchsweisen der Fotografie. Frankfurt a. M. 1981

Buddemeier, Heinz: Das Foto. Hamburg 1981

Bültmann, Gabriele: Motiv Liebe. Münster 1991

Bundesministerium für Jugend, Familie, Frauen und Gesundheit: Achter Jugendbericht. Bonn 1990

Bundesministerium für Familie, Senioren, Frauen und Jugend (Hrsg.): Schriftenreihe Bd. 45: Ressourcen älterer und alter Menschen. Bonn 1994

Bundesvereinigung Kulturelle Jugendbildung e. V.: 3. Projektsammlung Mädchenkulturarbeit. Remscheid 1992

Busch, Bernd: Belichtete Welt. München 1995

Christiansen, Angelika/Linde, Karin/Wendel, Heidrun: Mädchen Los! Mädchen Macht! Münster 1991

Claus, Jürgen: Elektronisches Gestalten in Kunst und Design. Hamb. 1991

Corbit, Irene E./Fryrear, Jerry L.: Photo art therapy. Illinois 1992

Dickel, Hans: Das Drama vor dem Objektiv. In: Gesellschaft für moderne Kunst am Museum Ludwig (Hrsg.): Texte. Stuttgart 1993

Dickhoff, Wilfried: Sherman. Kunst Heute Nr. 14. Köln 1995

Dorsch, Friedrich (Hrsg.): Psychologisches Wörterbuch. Bern 1991

Entin, Alan D.: The Family Album as icon: Photographs in family Psychotherapy. In: Krauss/Fryrear 1983, S. 117–134

Evers, Magrit: Geselligkeit mit Senioren. Weinheim 1994

Fellmy, Jutta: Die Möglichkeiten der Fotografie in der pädagogischen Arbeit mit verwirrten alten Menschen. Unveröffentlichte Diplomarbeit an der Fachhochschule Köln im Bereich Sozialpädagogik. Köln 1993

Flaake, Karin/King, Vera (Hrsg.): Weibliche Adoleszenz. Frankfurt 1992

Flusser, Vilém: Für eine Philosophie der Fotografie. Göttingen 1992

Freud, Sigmund: Das Ich und das Es. Frankfurt a. M. 1990

Freund, Gisele: Photographie und Gesellschaft. Hamburg 1989

Fryrear, Jerry L./Corbit, Irene E.: Photo Art Therapy. A Jungian Perspective. Illinois 1992

Fryrear, Jerry L./Krauss, David A.: Phototherapy in mental health. Illinois 1983

Gilman, Sander L.: Seeing the insane. New York 1982

Gillis, John R.: Geschichte der Jugend. Weinheim 1994

Goffmann, Erving: Geschlecht und Werbung. Frankfurt a. M. 1981

Gombrich, Ernst H.: Kunst und Illusion. Frankfurt a. M. 1967

Gombrich, Ernst H.: Kunst, Wahrnehmung, Wirklichkeit. Frankfurt 1977

Graeb, Gerhard: Vorschulkinder fotografieren. München 1971

Graeb, Gerhard: Didaktik der Fotografie. München 1977

Günther-Thoma, Karin: Fotografie hinter Gittern. In: Martens/Bockhorst 1989, S. 47–58

Häsing/Stubenrauch/Ziehe (Hrsg.): Narziß – ein neuer Sozialisationstyp? Frankfurt a. M. 1981

Herrath, Frank/Sielert, Uwe (Hrsg.): Jugendsexualität. Wuppertal 1990

Hetzer, Hildegard/Todt, Eberhard: Angewandte Entwicklungspsychologie des Kindes- und Jugendalters. Heidelberg 1990

Institut für soziale Arbeit e. V.: Soziale Praxis. Heft 2, Mädchenforschung in der Jugendhilfe. 1986

Jacob, Inge: Frauenbilder – Bilderfrauen. In: Martens/Bockhorst 1989, S. 71–78

Jäger, Gottfried/Holzhäuser, Karl Martin: Generative Fotografie. Ravensburg 1975

Katzenbach, Markus u. a.: Jungenarbeit in der Praxis. Frankfurt 1994

Keller, J. A./Novak, F.: Kleines Pädagogisches Wörterbuch. Freiburg 1991

Kent, Sarah: Porträtfotografie: Enthüllung oder Verwandlung? In: Honnef, Klaus (Hrsg.): Lichtbildnisse. Das Porträt in der Fotografie. Köln 1982, S. 418–533

Kernberg, Otto F.: Borderline-Störungen und pathologischer Narzißmus. Frankfurt a. M. 1983

Klees, Renate/Marburger, Helga/Schumacher, Michaela: Mädchenarbeit. Weinheim 1989

Klinger, Cornelia: Die Aktualität des Ästhetischen und das schöne Geschlecht. Unveröffentlichtes Manuskript. Hannover 1992

Koschatzky, Walter: Die Kunst der Photographie. München 1984

222

Krauss, David A./Fryrear, Jerry L. (Hrsg.): Phototherapy in mental health. Illinois 1983

Krauss, Rosalind/Bryson, Norman: Cindy Sherman. München 1993

Kunzmann, Peter/Burkard, Franz-Peter/Wiedmann, Franz: dtv-Atlas zur Philosophie. München 1992

Longardt, Wolfgang: Bilderflut und Kinderaugen. Gütersloh 1991

Lievegoed, B. C. J.: Entwicklungsphasen des Kindes. Stuttgart 1976

Lüscher, Ingeborg: Ausstellungskatalog Aargauer Kunsthaus, Aarau und Centre d'Art Contemporain, Genf 1996

Mann, Christine/Schröter, Erhart/Wangerin, Wolfgang: Selbsterfahrung durch Kunst. Weinheim 1995

Markert, Andreas/Rießlinger, Simone: »… wer sagt, wir sind zu blöd zum Fotografieren?« In: Sozialmagazin Heft 2, Weinheim 1996, S. 54–58

Martens, Gitta/Bockhorst, Hildegard (Hrsg.): Feministische Kulturpäd-agogik. Remscheid 1989

Martens, Karin (Hrsg.): Kindliche Kommunikation. Frankfurt a. M. 1979

Martin, Ernst: Didaktik der sozialpädagogischen Arbeit. Weinheim 1989

Maschke, Thomas: Faszination der Schwarzweiß-Fotografie. Augsburg 1994

Menzen, Karl-Heinz: Kunsttherapie. Zur Geschichte der Therapie mit Bildern. Frankfurt a. M. 1992

Merz, Reinhard: Grundkurs Schwarzweiß-Labor. Augsburg 1994

Meyer, Thomas: Die Inszenierung des Scheins. Frankfurt a. M. 1992

Ministerium für Arbeit, Gesundheit und Soziales des Landes Nordrhein-Westfalen: Jugend in NRW. 5. Jugendbericht der Landesregierung NRW, Düsseldorf 1989

Molcho, Samy: Körpersprache. München 1983

Molcho, Samy: Körpersprache der Kinder. München 1992

Muck, Mario: Grundlagen der psychoanalytischen Pädagogik. Mainz 1993

Müller-Rolli, Sebastian (Hrsg.): Kulturpädagogik und Kulturarbeit. Weinheim 1988

Naudascher, Brigitte: Spieglein, Spieglein an der Wand. Kösel 1983

Näger, Sylvia: Kreative Medienerziehung im Kindergarten. Freiburg i. Br. 1992

Newhall, Beaumont: Geschichte der Photographie. München 1989

Nickel, Horst: Entwicklungspsychologie des Kindes- und Jugendalters. Bern 1975

Oesterreich, Klaus: Die Auseinandersetzung mit sich selbst. In: Scheidgen, Helmut (Hrsg.): Die allerbesten Jahre. Weinheim 1988, S. 147–158

Pagel, Gerda: Lacan zur Einführung. Hamburg 1989

Prikker, Jan Thorn: Henri Cartier-Bresson. In: Honnef, Klaus: Lichtbild-nisse. Köln 1982

Prokop, Gert: Die Sprache der Fotografie. Berlin 1978

Pultz, John: Der fotografierte Körper. Köln 1995

Radde, Martin/Sander, Uwe/Vollbrecht, Ralf (Hrsg.): Jugendzeit – Medienzeit. Weinheim 1988

Rogers, Carl R.: Die klientenzentrierte Gesprächspsychotherapie. Frankfurt a. M. 1991

Roth, Hans-Joachim: Narzißmus. Weinheim 1990

Ryan, Tony/Rodger Walker: Life Story Work. London 1993

Sachsse, Rolf: Formen und Funktionen der Fotografie. In: Wick, Rainer K. (Hrsg.): Fotografie und ästhetische Erziehung. München 1992

Schmoll, J. A. gen. Eisenwerth: Vom Sinn der Photographie. München 1980

Schnak, Dieter/Neutzling, Rainer: Kleine Helden in Not. Hamburg 1995

Schön, Bärbel: Therapie statt Erziehung? Frankfurt a. M. 1993

Schuhmacher-Chilla, Doris: Ästhetische Sozialisation und Erziehung. Berlin 1995

Sielert, Uwe: Jungenarbeit. Weinheim 1993

Sontag, Susan: Über Fotografie. Frankfurt a. M. 1992

Spitzing, Günter: Fotopsychologie. Weinheim 1985

Strötzel, Karlheinz: Fotografieren in der Jugendarbeit. Tübingen 1991

Thiesen, Peter: Freche Spiele. Weinheim 1994

Waldeck, Ruth: Die Frau ohne Hände. Über Sexualität und Selbständigkeit. In: Flaake 1992, S. 186–198

Walker, Joe: The Photograph as a Catalyst in Psychotherapy. In: Krauss/Fryrear 1983, S. 135–150

Wardetzki, Bärbel: Weiblicher Narzißmus. München 1991

Weiser, Judy: Using Photographs in Therapy with people who are »different«. In: Krauss/Fryrear 1983, S. 175–200

Weiser, Judy: Photo Therapy Techniques. Exploring the Secrets of Personal Snaphots and Family Albums. San Francisco 1993

Wenders, Wim: Einmal – Bilder und Geschichten. Frankfurt a. M. 1994

Wex, Marianne: Weibliche und männliche Körpersprache im Patriarchat. In: Pusch, Luise: Feminismus. Frankfurt a. M. 1983

Witterstätter, Kurt (Hrsg.): Soziologie für die Altenarbeit. Freiburg [8]1994

Wolf, Robert I.: Instant Phototherapy with children and addocents. In: Krauss/Fryrear 1983, S. 151–174

Ziehe, Thomas: Vom Lebensstandard zum Lebensstil. Unveröffentlichtes Manuskript. Hannover 1992

Ziller, Robert C./Rorer, Brett/Combs, Jeanne/Lewis, Douglas: The Psychological Niche: The Auto-Photographic Study of Selfenviroment Interaction. In: Krauss/Fryrear 1983, S. 95–116

Zimmermann, Jörg: Mimesis im Spiegel: Spekulative Horizonte des Selbstporträts. In: Kunstform international. Ruppichteroth 1991